Aos meus seguidores amados, sem vocês eu jamais seria quem sou hoje. Obrigada por cada história compartilhada e pela confiança em ouvir, e agora ler, o que eu tenho a dizer.

E a você que não me conhecia. Muito prazer!

"Não ligue, não mande mensagem nem invente que deixou um grampo na casa dele. Se ele terminou, você precisa seguir em frente."

— BETA WHATELY, RELAÇÕES-PÚBLICAS.

É bem mais ela do que qualquer um.

"SE CUIDE, FAÇA EXERCÍCIOS, VÁ VIAJAR... QUANDO VOCÊ FICA BEM COM VOCÊ MESMA, A FOSSA ACABA!"

— GABRIELA PUGLIESI, BLOGUEIRA FITNESS.

Sem tempo ruim!

"Nada de inventar mil distrações ou mesmo um novo amor para fingir que ela não existe. Encare esse mal de uma vez por todas para acabar com o sofrimento. Você não precisa ficar em casa cortando os pulsos. Pode ir ao cinema, trabalhar, conhecer gente nova, mas saiba que quando voltar para casa aquele vazio no peito vai estar lá, e isso é normal. Uma hora isso passa! A fossa existe, e precisamos encará-la sem medo."

— GABRIEL GONTIJO, PUBLICITÁRIO.

Encarou e passou.

"Ouça Pablo."

— THIAGUINHO BARBOSA, CANTOR.

Acredita em um pouco de "sofrência" musical!

"Cara, no meu caso, eu vivi a fossa. Não conseguia fingir que estava tudo bem, não saía com minhas amigas nem nada. Até porque, se fizesse isso, ia acabar dando vexame no meio da rua. Agora, se tem uma coisa de que me arrependi foi de não ter excluído ele de todas as minhas mídias sociais."

— CAMILA FERZA, ADMINISTRADORA.

Curada da fossa.

"Não afogue as mágoas no chocolate, porque é verão no Brasil o ano inteiro! #fiquesempregata!"

— THIAGO FORTES, HAIRSTYLIST.

Aquele amigo que
você tem que ter!

"NÃO ADIANTA SE TRANCAR EM CASA. SAIA COM AS AMIGAS E VÁ SE DISTRAIR. VÁ AO SALÃO DAR UM UP NO VISUAL, PASSE AQUELA MÁSCARA DE CÍLIOS MARAVILHOSA E MUDE ESSA CARA DE CHORO. NÃO TEM ERRO!"

— HELENA BORDON, EMPRESÁRIA.

A favor de um tapa na cara,
no melhor sentido da coisa!

"Bom momento para trabalhar a sua espiritualidade, a sua crença e a sua fé. Acho que muita gente pensa: 'Ah, tô na fossa. A gente só deve pedir a Deus ou ao que a gente acredita se for algo muito triste, como uma doença ou um problema sério'. Mas eu acho que tudo o que machuca o coração é sério, então recorrer à fé para acalmar e melhorar a sua energia é uma ótima saída. Reze, acenda uma vela para o seu anjo da guarda ou qualquer coisa que faça uma conexão com a sua espiritualidade. A dor do coração é chatinha de sentir, então vale a pena se apegar a alguma coisa. Eu me apego a Deus em todos os momentos da minha vida, então, inclusive na hora da fossa, Ele vai entender que não é uma bobagem e vai ajudar a diminuir a dor."

— FERNANDA SOUZA, ATRIZ.

Tem uma das melhores energias!

"Dedique-se à fossa. Veja filme triste, chore. Quando cansar, chame suas amigas para chorar junto. Depois disso, vida nova!"

— OLAVO LEITE, ADMINISTRADOR.

Lavou, tá novo!

"Foque nas suas próprias coisas. Mentalize que uma hora você vai esquecer a pessoa. Faça uma *bucket list* e comece a realizar."

— RENATO MIMICA, MEU MARIDO.

Ultradireto e reto!

"EU JÁ SUPEREI
PÉ NA BUNDA EM
CIMA DE UM TRIO
ELÉTRICO. NADA
QUE UM POUCO DE
IVETE NÃO CURE!"

— GOMINHO, APRESENTADOR.

Acredita que o
Carnaval cura tudo.

"Nada como se agarrar ao que te fortalece: amigos, família... Fale no assunto até ele esgotar. Um brigadeiro quando apertar e a certeza de que VAI PASSAR!"

— FERNANDA PAES LEME, ATRIZ.

Garante que passa e ainda
faz um brigadeiro divino!

"São duas etapas para mim. A primeira deve ser em casa, chorando o que tiver para chorar, acompanhada de uma boa panela de brigadeiro. A segunda se resume a amigas + garrafas de vinho + falar, falar, falar até o assunto esgotar."

— JULIA FARIA, ATRIZ.

A favor das etapas!

#Manual da Fossa

Mica Rocha

VOCÊ LEVA UM PÉ, A GENTE TE DÁ A MÃO

Benvirá

ISBN 978-85-8240-279-5

DADOS INTERNACIONAIS DE CATALOGAÇÃO NA PUBLICAÇÃO (CIP)
ANGÉLICA ILACQUA CRB-8/7057

Rocha, Mica

#Manual da fossa : você leva um pé, a gente te dá a mão / Mica Rocha. – São Paulo : Benvirá, 2015.

112 p. : il. (S.O.S. Pé na bunda)

ISBN 978-85-8240-279-5

1. Namoro 2. Relação homem-mulher – Separação 3. Desilusões 4. Autoconfiança 5. Autoestima I. Título

15-1072 CDD 306.89 CDU 314.55

Índices para catálogo sistemático:
1. Relacionamentos - Rompimento

Editora Saraiva

Rua Henrique Schaumann, 270
Pinheiros – São Paulo – SP – CEP: 05413-010
PABX (11) 3613-3000

SAC **0800-0117875**
De 2ª a 6ª, das 8h30 às 19h30
www.editorasaraiva.com.br/contato

Diretora editorial Flávia Alves Bravin
Gerente editorial Rogério Eduardo Alves
Planejamento editorial Rita de Cássia S. Puoço
Editoras Débora Guterman
Lígia Maria Marques
Paula Carvalho
Tatiana Vieira Allegro
Assistente editorial Lara Moreira Félix
Produtores editoriais Alline Garcia Bullara
Amanda Maria da Silva
Daniela Nogueira Secondo
Deborah Mattos
Rosana Peroni Fazolari
William Rezende Paiva
Comunicação e produção digital Mauricio Scervianinas de França
Nathalia Setrini Luiz
Suporte editorial Juliana Bojczuk
Produção gráfica Liliane Cristina Gomes

Preparação Luiza Del Monaco
Revisão Laila Guilherme
Nathalia Ferrarezi
Projeto gráfico e diagramação Caio Cardoso
Capa Deborah Mattos
Imagem de capa Thinkstock/Katyau
Impressão e acabamento Gráfica Paym

www.benvira.com.br

1ª edição, 2015
1ª tiragem: 2015
2ª tiragem: 2015
3ª tiragem: 2016
4ª tiragem: 2016
5ª tiragem: 2016

548.131.001.005

EDITAR 6976 CL 670294 CAE 568036

Como está a sua autoestima?

1 Quando se olha no espelho, você pensa:

a. Tô gorda e horrorosa.
(Sai quase chorando da frente do espelho.)

b. Hummm, queria perder uns dois quilos.
(Sai direto para a academia.)

c. Nossa, a dieta tá fazendo efeito!
(Sai animada, dançando.)

d. Pqp, tô deusa!
(Sai andando à la Gisele)

2 Quando alguém te elogia:

a. Você acha que a pessoa tá falando com outra e até dá aquela olhada pra trás.

b. Encara como uma brincadeira e ri.

c. Fica com vergonha, mas concorda que naquele dia você tá linda.

d. Dá aquele sorriso como que dizendo "eu sei"...

Quando você se descreve para os outros:

a. Cita apenas seus defeitos e não faz ideia do que significa ter uma qualidade.

b. Fala dois defeitos fortes e termina com um "tô aprendendo a ser uma pessoa melhor".

c. Fala uma qualidade de cara e pensa um pouco para falar um defeito.

d. Fala muitas qualidades, inclusive se descreve como honesta, leal, superamiga etc. Seu defeito é ser perfeccionista.

Quando um cara chega em você:

a. Não repara, porque é óbvio que um cara não vai chegar em você.

b. Tem a sensação de que ele quer saber as horas ou ficar com alguma amiga sua, mas prefere esperar pra ver.

c. Pensa: "Hummm, talvez eu me dê bem", faz um bate-cabelo e espera o xaveco.

d. Não fala nada e só observa o cara se desdobrar para ganhar a sua atenção.

Você se considera:

a. Feia.

b. Charmosa, mas não bonita.

c. Bonita, mas com alguns dias ruins.

d. Bonita. E mesmo nos dias ruins tá melhor que muita gente.

6 Quantas selfies você posta por semana?

a. Não posta selfies, só publica fotos de paisagens, outras pessoas, comida... de tudo, menos de você.

b. Uma de vez em nunca.

c. Umas 2 ou 3.

d. 3 ou mais.

7 Como você é?

a. Quieta e tímida com estranhos, falante com amigos muito próximos.

b. Depende do dia, mas não costuma ser extrovertida com estranhos.

c. Extrovertida na maioria das vezes.

d. Sempre chega chegando, fala alto e quase nunca se intimida.

8 Tem quantos ex-namorados?

a. Não chama nenhum ex de namorado porque foram só ficadas longas.

b. Tem um ex importante na vida e alguns outros ficantes.

c. Uns 2 ou 3.

d. Já perdeu a conta. Namora desde a primeira série.

Resultado

Mais respostas A: Colega querida, onde você deixou a sua autoestima? Em outra vida? A sua autoconfiança é inexistente, e isso faz com que você duvide de si mesma o tempo inteiro. Você duvida da sua beleza, da sua inteligência e de tudo o que pode te colocar em evidência. Duvida até mesmo que um cara realmente queira ficar com você.

Dica: não se preocupe com homens ou com relacionamentos agora, foque em gostar mais de você, tente se aceitar e enxergar suas qualidades. Sem essas atitudes, vai ser impossível construir qualquer relacionamento saudável. Mais amor (por você), por favor!

Mais respostas B: Você não leva seus defeitos tão a sério, mas também não acredita muito em elogios. Está sempre querendo melhorar, principalmente seus aspectos físicos, e acha quase todo mundo mais interessante que você. Talvez você seja aquela amiga que escuta os problemas dos outros, mas que não se abre muito sobre os seus e guarda uma bela insegurança por trás de seus conselhos incríveis. Sabe aquele ditado "faça o que digo, não faça o que eu faço"? Então, você está se comportando mais ou menos assim.

Dica: procure valorizar mais as suas qualidades e acreditar que você pode sair dos bastidores e brilhar no palco. Não é só aquela amiga que você acha deusa e linda que é interessante, o seu interior – principalmente – vale ouro, e você precisa mostrar o seu valor para o mundo.

Mais respostas C: Um pé na bunda não te derruba. Você pode ter levado alguns, mas aprendeu a gostar de si mesma e entendeu que, depois de cair, basta levantar. Mesmo com alguns dias não tão agradáveis, você gosta da sua beleza e sabe usá-la a seu favor. Tem um temperamento mais relax e sabe que no final tudo vai dar certo. É ótima para aconselhar as amigas em crise porque valoriza a autoestima.

Dica: continue sendo você!

Mais respostas D: Eu não chamo isso de autoestima, chamo de "muito-amor-por-você-mesma--mas-muito-mesmo"! A sua confiança pode assustar algumas pessoas, por isso seu tipo de homem é aquele que aceita a segurança do outro. Você gosta (muito) de si mesma e cultiva isso todos os dias. Não vê problema em se expor em público nem em tirar sarro de si mesma. A-DO-RO! Relacionamentos vêm e vão, o importante é aproveitar o que eles têm de melhor, tirar lições do que não deu certo e ser feliz.

Dica: cuidado para o boy não achar que você não está nem aí pra ele; dose a sua autoconfiança com doçura. Equilíbrio perfeito.

Levar um (ou vários) *pé na bunda faz bem!*

SE VOCÊ ESTIVER NA FOSSA PROFUNDA, TALVEZ QUEIRA ME ESGANAR AO LER ESTE TÍTULO! #OPS

APOSTO QUE VOCÊ ESTÁ PENSANDO: "COMO ASSIM, A FOSSA FAZ BEM? TÁ LOUCA, QUERIDA? TÔ AQUI OUVINDO SERTANEJO UNIVERSITÁRIO DO TIPO MAIS DRAMÁTICO E VOCÊ VEM ME DIZER QUE ISSO FAZ BEM?".

ACREDITE EM MIM, FAZ.
OU VAI FAZER.

Você não acha que eu escrevi este manual sem nunca ter tomado um pé na bunda, certo? A gente só deve falar com propriedade dessas coisas quando viveu, e, acredite, eu já vivi, vivi, vivi, vivi...

"Você já levou um pé na bunda, Mica?", perguntam minhas seguidoras. Amigues, deixa eu contar uma coisa pra vocês: sim, eu já levei pé na bunda, e não foi uma vez só! Levar um pé na bunda faz parte da vida. Quem escolheu viver e se aventurar por aí já passou por esse tipo de situação. Não tem jeito.

Nasci romântica e acho que vou morrer assim. Comecei logo cedo a assistir comédias água com açúcar e a sonhar com o boy magia que seria o amor da minha vida. Mas, antes de receber meu prêmio divino (#agradecidapelagraçaalcançada), tive que passar por alguns testes de resistência.

Sabe prova do líder do BBB? Ter que aguentar doze horas em cima de um tronco de árvore com chuva gelada na cabeça pra ver se você merece ser feliz? Pois é, me senti assim por muito tempo.

As pessoas que passaram na minha vida me ensinaram uma grande lição: não faça com os outros o que não gostaria que fizessem com você.

Aprendi, por exemplo, a nunca dar um fora em alguém em lugar público – já levei um pé na bunda em uma padaria, e a cena foi digna de filme tragicômico. O moço devorava um beirute enquanto me dispensava, dizendo que eu não era aquilo que ele tinha sonhado. Whaaat? Hoje eu choro de rir contando essa história, mais ainda quando falo sobre a cereja do bolo no final: depois de esperar aquele beirutão ser deglutido, saí andando na chuva sozinha e levei um tombo na frente de todo mundo (inclusive do cara).

A dor da rejeição é dura, e não existe conselho que faça você superar tudo da noite para o dia, muito menos uma poção mágica que faça você desencanar do cara em horas.

Também aprendi que não rola dizer adeus a alguém em datas comemorativas, tipo aniversário. Pois é, já passei por isso e assoprei as velinhas com minha mãe dizendo: "Mas, gente, precisava ser hoje, no aniversário da pobrezinha?". #dramas

Apesar de já ter passado por algumas situações não muito agradáveis, hoje eu consigo agradecer a cada dedo podre que já tive – no meu caso, a mão inteira. Sem eles, eu jamais conheceria o significado de "amor-próprio" e também não teria me aprofundado neste tema que me fascina tanto.

A dor da rejeição é dura, e não existe conselho que faça você superar tudo da noite para o dia, muito menos uma poção mágica que faça você desencanar do cara em horas. O tempo é o seu melhor aliado, e só ele vai poder te mostrar que ter se separado de tal pessoa foi a melhor coisa que poderia ter te acontecido.

O tempo é o seu melhor aliado, e só ele vai poder te mostrar que ter se separado de tal pessoa foi a melhor coisa que poderia ter te acontecido.

Como falo muito sobre isso nas minhas redes sociais e no programa que criei para a TV, o *S.O.S. Pé na bunda*, percebi que a maioria das pessoas que estão na fossa procura falar e ler sobre o assunto o tempo todo. O conforto está em pequenas coisas, palavras, poemas, músicas, filmes, amigos, uma taça de vinho (ou dez), brigadeiro de panela, e por aí vai. Essas pequenas coisas funcionam como um suporte, ajudam você a encontrar respostas, mas não conseguem respondê-las por você. Confortar alguém que está na fossa não significa livrar a pessoa dessa angústia, até porque só você, so-zi-nha, pode se livrar da fossa.

Depois de um certo tempo sofrendo, os amigos se enchem, a família não aguenta mais ver você triste e o pobre terapeuta já está se desdobrando para tentar fazer com que você goste mais de si mesma, mas isso leva tempo.

O *#ManualDaFossa* não vai fazer milagres, acabar com a dor ou trazer o boy de volta; ele é uma ferramenta que pode clarear um pouco a sua cabeça nesse momento tão turbulento. A minha intenção com este livro é fazer você começar a pensar que um pé na bunda não é a pior coisa que já te aconteceu. Ele realmente pode fazer você seguir em frente, você só precisa saber como.

Como disse antes, já tomei alguns pés na bunda, e tive a sorte de ter em casa uma psicóloga ma-ra-vi-lho-sa: minha mãe, Blenda Oliveira. Graças a ela, me tornei o que sou hoje, então vou dividi-la com você ao longo do livro. Ela é a psicóloga convidada do "Dica da psicóloga". Vai por ela, que tudo vai ficar bem.

E para provar que você não é a única a trilhar esse longo caminho da fossa, selecionei algumas histórias, entre as milhares que recebo. Em "História da vez", você vai conhecer casos reais de relacionamentos que não saíram como o esperado e saber como essas mulheres superaram esse momento tão dolorido.

Agora respire fundo, enxugue as lágrimas e repita três vezes antes de começar a ler: ninguém morre de amor, ninguém morre de amor, ninguém morre de amor.

Repetiu em voz alta?

Então vamos juntos!

CAPÍTULO I

Ninguém nunca morreu de amor

FOSSA. PALAVRA RELATIVAMENTE PEQUENA E COM UM SIGNIFICADO TÃO PAVOROSO.

QUEM AÍ NUNCA SOFREU UMA REJEIÇÃO? QUEM NUNCA ESCUTOU AQUELE "ACHO QUE NÃO TÁ MAIS ROLANDO PRA MIM"? OLHA, SÓ DE ESCREVER ISSO, MINHA BARRIGA GELOU.

Você pode estar no melhor momento do seu relacionamento, mas basta ouvir alguma história de fossa que começa a rezar o terço (ou qualquer coisa que signifique ME AJUDE, PELAMOR!) e pedir para que isso nunca aconteça – de novo – com você.

Ser rejeitado é ser jogado na sarjeta, no frio, sem comida nem cobertor. É aquela mesma sensação de quando você era criança e se perdia da sua mãe no supermercado, sabe? Por alguns segundos você acha que tudo acabou, até perceber que a sua mãe está logo ali na frente.

Também relaciono levar um fora a uma sensação de morte com desmaio. Já sentiu isso? É tipo morrer, continuar viva e desmaiar quase toda vez que você pensa no pé que tomou. Faz sentido? Pois é, a fossa dói tanto que é uma mistureba de sentimentos horrorosos.

E quando você está numa fase muito triste e abre os olhos de manhã? Por um segundo parece que está tudo bem – afinal, está acordando de uma noite dormida à base de CCC (calmantes, chocolate e chororô) –, mas aí vem aquela lembrança: "Ele não existe mais na minha vida!". Nossa Senhora! Lá vêm a avalanche de lágrimas, o frio na barriga e a sensação de que a vida acabou.

Respire fundo e pense: "Esse cara tá me fazendo pensar em ler um manual da fossa? Ele não me merece mesmo!". Feche o livro e saia desfilando à la Gisele pela livraria, aeroporto e afins.

Se você está achando muito exagerada a colocação acima, talvez esteja em um estágio melhor da fossa (OBA!) e não precise ler o manual desde o começo.

Vou explicar.

Este manual representa de uma forma mais geral as fases da fossa. Vamos falar desde o momento do pé na bunda até gostar de outro cara e, então, seguir a vida feliz e contente.

Se você tem dúvidas quanto à fase em que se encontra agora, dê uma olhada no título dos capítulos e avalie em que pé está essa lamúria aí. Facinho.

Se você não está na fossa mas não aguenta mais a sua amiga choramingando, faça um embrulho legal e leve este livro de presente pra ela imediatamente. #marketing. Ou, se você já tentou de tudo e não sabe mais como ajudar a colega, saiba que este manual vem com dicas para *azamigue* também.

O *#ManualDaFossa* também serve pra você que está sentindo que o boy vai dar aquela desistida do relacionamento. Sabe quando a coisa está na corda bamba? Respire fundo e pense: "Esse cara tá me fazendo pensar em ler um manual da fossa? Ele não me merece mesmo!". #autoestimaétudo

Se você está rindo, ou pelo menos sorrindo (porque pessoas na fossa não costumam rir por qualquer coisa), continue por aqui! Eu garanto diversão. #marketing2

CAPÍTULO 2

Tipos de término

VAMOS PASSAR BREVEMENTE POR ALGUMAS MANEIRAS CLÁSSICAS DE TERMINAR UM RELACIONAMENTO. #HORADESEIDENTIFICAR

Namoros longos

Normalmente a pessoa que vai dar o pé enrola muito até tomar coragem para fazer isso. Como namorar sete anos não é para qualquer um, terminar um relacionamento desses também não é fácil. A coisa vai esfriando, o programa com os amigos fica mais interessante do que você, o sexo tá aquela coisa coreografada em que você já emite o mesmo som (fingido) de prazer, você já sabe a programação inteira do futebol, *Domingão do Faustão*, faz o mesmo caminho da cozinha para o sofá e, quando se dá conta, já nem se lembra quando foi a última vez que deu aquele beijo (de língua) no boy.

Você sente que algo pode acontecer mas fica em estado de negação, com aquele pensamento na cabeça: "Gente, não dá pra ficar apaixonado transando durante sete anos. Tudo se transforma em companheirismo, amizade...". Pois é, colega, as coisas se transformam mesmo, mas já pensou que o relacionamento de vocês está se transformando em algo que não te faz feliz ou que não te dá mais o menor tesão?

Muito bem, o cara está te tratando meio como colega/amiga/prima? Ele não se mostra muito empolgado com as coisas e está dando sinais de que o motor tá pifando? Você briga por umas coisas meio nada a ver e ele não liga? Ele está naquele ponto em que não briga mais? Ui.

Num belo domingo de sol, no dia do casamento da sua prima amada e querida, ele te chama para conversar. Oi? Num dia especial como esse? Sim, esses caras sempre escolhem datas como Natal, Ano-Novo e casamentos para dizer o que sentem. É isso que chamo de caras com (péssimas) atitudes.

De cara você ouve algo como: "Eu amo você, amo toda a nossa história, tenho um carinho enorme pela sua família... mas acho que não tô preparado pra isso". Você gela. Está com bobe no cabelo, rímel, base mara da maquiadora e um vestido deuso esperando para envolver seu corpinho. Você não entende e pede para ele repetir. Ele repete até a metade, porque, é óbvio, você já entendeu. *Boom*. Ele termina com você.

HISTÓRIA DA VEZ

"Namorei doze anos (desde os meus dezesseis) e levei um fora por mensagem de celular há um ano e meio. Achei que fosse morrer. Fossa, bad, perdi peso (que foi a parte boa, haha), e hoje tô aí, vivendo um dia de cada vez. Mas levar fora por mensagem é cruel."

Nossa, pode cair pra trás? DOZE anos e uma mensagem de texto. Isso dá até tema de filme de terror. Olha, gente, pode me chamar de radical, mas nada justifica essa atitude. Eu sei que terminar um relacionamento não é fácil, ainda mais se o outro gosta muito de você, mas... não faça isso por mensagem. Você passou uma parte da sua vida com a pessoa, respeite o que vocês tiveram e converse com ela pessoalmente. É o mínimo que deve ser feito. Imagino que a dor dela tenha sido dupla. Primeiro pelo namoro ter acabado, e segundo por ter sido tipo jogada na sarjeta, como se não valesse nada. Por quê, né? Uma mensagem de texto depois de mais de uma década é para destruir a autoestima de qualquer um. Nessas horas, a melhor coisa que você pode fazer é se cercar de pessoas amorosas e se policiar para não se sentir uma droga, um lixo etc. Foque em você, nas suas qualidades e tente analisar friamente: você se livrou de uma roubada e de uma pessoa covarde. Não me interessa se o cara mora a quilômetros de distância ou se ele teve uma crise de identidade; educação é básico e a gente gosta.

Um lado bom de toda essa tragédia é que esse moço é uma pessoa bem fácil de ser identificada como quem não presta. Melhor ele ser babaca logo de cara, assim você abre os olhos, do que ele ser um príncipe na hora de terminar e você ficar querendo ele de volta. Tem mais lado bom do que ruim nessa história!

Desculpas estranhas, esfarrapadas e ridículas (#DEER)

Eu tenho uma certa obsessão por sempre querer saber o que o outro deu de desculpa na hora de terminar. Os absurdos são tantos que, às vezes, rola até uma vontade de rir.

Vamos lá:

1. "Preciso me dedicar a mim mesmo e acho que não dá mais pra gente continuar."
2. "Você é mais do que mereço, então eu não te mereço. Você merece coisa muito melhor." (Hein?)
3. "Ainda penso no meu antigo relacionamento e acho que fiquei meio traumatizado; não sei se é a hora de entrar de cabeça nisso."

   (Uma semana depois esse boy tá namorando outra e usando aliança de compromisso.)

4. O boy some. Aquele que foi comprar cigarros e nunca mais voltou. Sim, na maior cara de pau ele vai embora e não te dá satisfação. Ah, tá!
5. "Estou apaixonado por outra."

   (Esse tem até som de faca entrando no coração. Direto, verdadeiro, mas duro de ouvir.)

6. "Vou viajar (morar fora) e não quero namorar a distância."

(Doído, mas muito melhor do que sumir durante a viagem com a desculpa de que seu pacote de internet tá muito caro ou que o Skype parou de funcionar.)

7. "Você é muito legal, mas eu tô confuso."

(Espero que ele não esteja confuso sobre você ser legal.)

8. "O meu trabalho me consome demais, e eu não consigo te dar a atenção que você merece."

(Você achou que estava saindo com um cara normal, mas na verdade ele era o Obama, com tanto trabalho que não tem tempo pra você. Mande ele trabalhar na empresa #váàmerda; tem ótimas oportunidades por lá.)

9. "Ah, queria te falar que tô confuso, mas te ligo durante a semana pra conversarmos..." Muitos dias depois: "Minha bateria acabou e só consegui te mandar mensagem agora, depois do fim de semana".

(Deu tempo até de comprar este manual e ler ele de cabo a rabo.)

HISTÓRIA DA VEZ

"Mica, vou contar a história do meu pé na bunda. Até hoje não sei se entrei com o pé ou com a bunda. Há dois anos eu namorei um cara que foi meu primeiro amor. Era bem de vida, independente e muito bonito. Mas, como nem tudo é perfeito, era também um babaca declarado. Ele tem um irmão gêmeo e sempre usou isso a seu favor. Me deixava sozinha toda sexta-feira dizendo que ia dormir cedo, quando, na verdade, estava curtindo por aí. Quando alguém o reconhecia na balada, ele dizia ser o irmão. Isso aconteceu por meses, mas eu preferia achar que ele era fiel e inocente. Até que no dia 25 de dezembro de 2013, em pleno Natal, descobri (por conta de uma intuição divina) que ele havia me traído durante a ceia familiar. Resumindo: fui trocada em uma noite de paz e amor por uma parente que eu acreditava ser confiável. Dias depois, ainda me humilhei e pedi que voltássemos, mas ele não quis. Ou seja, fui traída e tomei um pé. Dois anos depois, o mundo deu suas voltas e esse cara me procurou dizendo que fui a melhor namorada que ele teve e tentando me reconquistar. Foi a experiência mais dolorosa que tive até hoje, mas, sem dúvida, me deixou muitas lições."

Esse negócio de ser traído e levar um pé é de doer a alma. Agora vamos lá: nunca namore um gêmeo! Hahaha! Brincadeira, gente!

Como assim, o cara fingia ser o irmão na balada? Será que eles eram tipo Ruth e Raquel? Um bom e o outro mau? Se fosse o caso, ela deveria investir no outro irmão. Agora, sério, o cara que te deixa toda sexta-feira já dá motivos para te deixar desconfiada – e MUITO. A menos que ele trabalhe toda sexta-feira à noite, não é normal uma pessoa não sair nunca com a namorada, gente!

Vamos mais adiante na história: Oi? Ele pegou uma prima na ceia de Natal? (Essa aí gosta mesmo de um peru.) Gente, que boy era esse? Amei a parte em que ela teve intuição divina (#soudessas). A gente fica tão mal com a rejeição e com a traição que se humilha mais ainda (#quemnunca?). Parece que, quanto mais cruel a pessoa é, mais a gente desce para o fundo do poço. A perda do amor-próprio é muito perigosa e pode nos levar a fazer péssimas escolhas, que chegam a estragar uma vida toda. Amigos e família nessas horas valem muito. São eles que te ajudam a colocar os pés no chão, abrem seus olhos e dão aqueles três tapas na cara necessários para você parar de achar que o boy é mais importante do que você mesma. Terapia também vale muito a pena; às vezes custamos a enxergar tudo isso sozinhas, e resgatar a autoconfiança é mais difícil do que parece.

Mas temos aqui outro final feliz. Oba! O mundo deu voltas e ela aprendeu a melhor lição de todas: SE AMAR MAIS.

CAPÍTULO 3

O cara que dá um pé na bunda mas não larga o osso

DESCULPE, MAS TIVE QUE DEDICAR UM CAPÍTULO INTEIRINHO ÀQUELES CARAS "BACANÉRRIMOS" QUE TÊM A MAIOR CORAGEM DO MUNDO DE TERMINAR MAS MORREM DE MEDO DE A OUTRA PESSOA SEGUIR A VIDA.

UNS CHAMAM DE SACANAS, OUTROS DE EGOÍSTAS, OUTROS DE CHOVE NÃO MOLHA, NÃO FOD* NEM SAI DE CIMA, FOMINHA, E POR AÍ VAI. EU PREFIRO JUNTAR TODOS ESSES APELIDOS NUM SÓ: FDP. #JOGANOGOOGLE

Me desculpe, mas não consigo conter a minha indignação quando ouço uma história em que o cara caiu fora mas continuou prendendo a pessoa, mesmo que ele já estivesse até pegando sapinho no trio elétrico. Não tem coisa mais egoísta e insensível do que essa.

Ok, sabemos que a possessão é um sentimento que caminha do nosso lado após o término (mesmo você sendo a pessoa que terminou), mas empatar a vida do outro por medo de perder o posto não dá!

A vida é curta demais para você se prender a alguém que não te quer e mais curta ainda para continuar presa àqueles que já disseram que não querem e continuam no seu pé. Ligações na madrugada e mensagens para perguntar educadamente como você está não rolam!!!

Imagine só: você está lá, um trapo, tentando esquecer o boy, já chorou todas as pitangas da árvore, é um domingo de sol e você fica lembrando os programas que costumavam fazer

> "A vida é curta demais para você se prender a alguém que não te quer."

juntos; de repente, na hora do *Fantástico* (que dá deprê até nos mais bem casados), apita o seu WhatsApp. Adivinha quem é?

Você vê o nome na tela e a barriga gela, você não sabe se aquilo é felicidade, alívio ou medo, mas, como a esperança é a última que morre, acha que por um milagre de Santo Antônio o moço vai pedir desculpas e implorar pelo seu amor. Seu sorriso se abre levemente depois de uma semana sem dar as caras, o coração disparado já volta a ficar apaixonado (puta que pariu, como a paixão emburrece as pessoas!) e aquela notificação de mensagem reacende toda a esperança do seu coração. Você destrava o celular e liga para a sua amiga, afinal de contas, vai bancar a difícil antes de responder o "pedido de casamento" dele. #ohdó

— Amiga!

— Oi, amiga, tô de ressaca, fala logo...

— Ele me mandou uma mensagem!!!

— Quem? O Maurício? – pergunta a amiga, agora acordada com a notícia bombástica.

— Sim, ele mesmo!!! O que será que ele quer comigo?

— Deve tá arrependido de ter perdido uma mulher como você, né, miga? – As amigas são ótimas, mas às vezes não enxergam um pingo de realidade.

— Será? – você pergunta, só para não concordar direto com a amiga.

— Certeza!!! Espera uns dez minutos e abre pra ver! Depois me liga pra contar.

Você desliga o telefone com a sua amiga, que não te ajuda a colocar nem uma gota de vergonha na sua cara, e cai de boca na mensagem do ex, já imaginando o anel de diamante que vai ganhar.

Oi, Mari, tudo bem?! Sonhei com você essa noite. Tá tudo bem? Manda um beijo para a sua mãe e para o Floquinho... bjs

Obviamente, seus olhos se enchem de lágrimas e você acha essa mensagem a coisa mais linda. Olha para o Floquinho (seu cachorro em que ele nunca nem encostou a mão e dizia ter alergia aos pelos) e pensa: "Ai, vamos voltar".

Liga de novo para a sua amiga.

— Amiga! Olha a mensagem dele. – Você lê em voz alta, chorosa, e descreve até quantos pontos de exclamação, reticências e letras maiúsculas ele usou.

— Nossa... Não acredito, ele superquer voltar! Depois do "tudo bem" ele

Olha só, se o cara quisesse te reconquistar, ele bateria na sua casa e não mandaria uma mensagem. #ficaadica colocou interrogação e exclamação pra mostrar que tá superfeliz em falar com você! (Sério, eu tenho vontade de dar um curso sobre como ser uma BOA amiga!)

– Você acha?

– Claro, né? Quem manda uma mensagem dessas às dez da noite de um domingo?

> Essas pessoas que não sabem deixar o outro seguir a vida provavelmente nunca aprenderam a perder e desconhecem a rejeição.

Resumo da história: você responde ao cara meio sensibilizada, ele demora mais umas duas horas pra te responder de volta, e a conversa acaba com ele enviando um emoji sorrindo. Ele simplesmente queria confirmar se você ainda estava na rede. Só isso.

O cara some mais umas duas semanas e manda mensagem no final de um feriado em que ele foi para uma micareta. Você faz o quê? Responde de novo, e por aí vai.

Por várias vezes se pergunta: "Mas por que ele me manda mensagem se não gosta mais de mim?".

Olha só, se o cara quisesse te reconquistar, ele bateria na sua casa e não mandaria uma mensagem. #ficaadica

Essas pessoas que não sabem deixar o outro seguir a vida provavelmente nunca aprenderam a perder e desconhecem a rejeição. Resultado: mesmo vocês não sendo mais namorados, você sempre será dele. Aconteça o que acontecer. Sabe por quê? Ele ainda não decidiu o que vai fazer da vida, então quer manter por perto a pessoa que ele diz ser para casar: você.

Colega, deixa eu te contar: os caras que quiserem casar, namorar e amar vão fazê-lo. Não tem essa de: "Estou confuso, mas você é pra casar". Você até pode ser pra casar, mas não com ele.

Recebo muitas histórias de mulheres contando sobre o cara que fala que não quer nada sério, mas que, pelo menos uma vez por mês, aparece para

> A vida pode te dar muito mais do que um cara que sente sua falta na ressaca, nos finais de feriado e em datas melancólicas como o Natal.

um flashback, para dizer que está com saudades ou mandar um beijo para o cachorro. Quem quer faz. Quem não quer arranja mil e uma desculpas.

Estou sendo bem enfática nesse ponto, pois não quero que você seja estepe de ninguém. A vida pode te dar muito mais do que um cara que sente sua falta na ressaca, nos finais de feriado e em datas melancólicas como o Natal. Fala sério, você não pode se sujeitar a isso.

Corte esse ex pela raiz, deixe de falar com ele, ignore e vá viver a sua vida. A resposta mais importante, você já tem: ELE NÃO ESTÁ COM VOCÊ E SÓ TE PROCURA NOS MOMENTOS DE CARÊNCIA. Não aceite isso.

IMPORTANTE LEMBRAR

Como essas pessoas não aceitam perder, talvez enlouqueçam com o seu sumiço. Ele vai fazer de tudo para falar com você e principalmente dizer que só agora se ligou que você é a mulher da vida dele. CUIDADO. Desconfie sempre e não se entregue de vez, pois você tem grandes chances de quebrar a cara de novo. Essas pessoas normalmente são formadas na faculdade LPTES (Lábia Para Te Enganar Sempre). Fique esperta e entenda que existem caras bem legais no mundo, muito mais legais do que o boy que só aprende a dar valor quando perde.

HISTÓRIA DA VEZ

"Oi, Mica, tudo bem? Eu me apaixonei por um cara do trabalho, na verdade a gente se apaixonou. Vivemos uma história de amor digna de conto de fadas por dois meses. O sexo era incrível, conversávamos muito e era tudo perfeito. Ele teve um problema na família e ficou um pouco fora do ar, eu entendi e o apoiei muito nesse momento. Um belo dia ele me chamou na casa dele e, chorando, disse que precisava terminar comigo porque a mãe estava precisando muito dele. Não entendi nada, mas tive que aceitar, até porque ele estava bem decidido.

Sofri muito, chorava todos os dias, mas ele sempre estava por ali me mandando mensagem, dizendo que íamos resolver isso para ficarmos juntos e nos casar. Não conseguia sair com ninguém porque estava à espera do amor da minha vida. Num sábado à tarde, minha amiga o viu num bar bebendo com os amigos e com várias mulheres. Ela me disse que parecia que ele estava xavecando uma.

Fiquei possessa, achei que ele estivesse deprimido (como ele dizia), e não num bar enchendo a cara com outra. Mandei mensagem para ele dizendo que nunca mais queria falar com ele e não recebi resposta. Depois de uma semana, ele me liga chorando e dizendo que eu era o grande amor da vida dele e que ele estava quase resolvendo tudo. Contei para ele o que soube do bar, e ele disse que tinha bebido para afogar as mágoas. Trouxa como sou, perdoei e esperei.

Ele sumiu por algumas semanas e apareceu perto do Natal, falando que morria de saudades e que este ano seria diferente. Piada, né? Continuou tudo a mesma coisa, até que dei um basta e fui viver a minha vida.

Hoje percebo que ele era um enrolão, porque sei que sai por aí com várias mulheres e não está com problema familiar nenhum.

Além de me cozinhar, ele era um mentiroso."

Olha, só de ler esse depoimento eu já fico nervosa!

Pessoas que enrolam já são péssimas, mas essas que usam problemas sérios, como os familiares, como desculpa... ah, essas não merecem compaixão e vão direto para a minha lista negra vitalícia.

Imagina, o sabidão lá, nos bares da vida, bebendo e se divertindo, e ela em casa chorando, achando que ele está numa pior. Se isso é estar numa pior, hein, colega?

Essa história, porém, teve um final feliz, porque ela conseguiu dar um basta na situação, mas recebo mensagens de muitas mulheres falando que não conseguem se desligar do tal do enrolão.

Temos as rédeas da nossa vida e somos nós que decidimos

o que fazer com ela. Ela chegou ao seu limite e conseguiu colocar um fim nesse rola/enrola, e é esse limite (de que já falamos por aqui) que nos dá uma ideia de quão boa está a nossa autoestima.

Se você aguenta por muito tempo um cara te cozinhando, comece a pensar em como anda sua confiança em você mesma. Nenhuma pessoa com uma boa dose de amor-próprio consegue aguentar uma situação dessas por muito tempo. Sabe por quê? Pelo simples fato de se gostar tanto a ponto de não querer desperdiçar um tempo – precioso – da vida com quem não merece.

Como eu disse antes: quem quer faz. Quem não quer coloca a culpa até no cachorro.

O importante não é indignar-se com a loucura do outro, mas saber que você não vai entrar nessa frequência porque sabe que a sua vida, o seu tempo e o seu amor valem MUITO.

Como detectar o enrolão

1. Ele só te procura de madrugada, pós-feriados, domingão à noite e datas mais melancólicas, como Natal e Domingo de Páscoa.
2. Normalmente, as mensagens não têm um objetivo, ele simplesmente inventa desculpas para falar com você.
3. Depois de você responder, ele sai correndo como o diabo foge da cruz e só reaparece nas datas citadas no item 1.
4. Esse tipo de cara não suporta a ideia de você estar com outra pessoa.
5. Quando se encontram na balada, ele fica te vigiando com um olho enquanto, com o outro, fica escolhendo a piriguete que vai pegar assim que você for embora.
6. Nunca assume que ficou com alguém e, se não tiver jeito, inventa desculpas alcoólicas.
7. Culpa a bebida. Sempre.
8. A esperança de vocês voltarem faz parte do discurso dele, mas antes ele precisa resolver: o trabalho, o tempo, o cachorro, o apartamento, a mãe, o irmão, o filho, o tio, a ex-mulher etc.
9. As redes sociais dele são lotadas de likes e comentários de mulheres que ele classifica como boas amigas.
10. Ele não vale nada.

CAPÍTULO 4

Fases da fossa

EXISTEM TIPOS E TIPOS DE TÉRMINO, DE DESCULPAS, DE HOMENS, DE MULHERES... MAS FOSSA É SEMPRE FOSSA. POR ISSO, VAMOS ENTENDER AS FASES DESSE ESTADO DE ESPÍRITO TÃO TRISTE CAUSADO POR UMA PESSOA QUE TE REJEITOU, MAGOOU E CHUTOU.

fase 1

O choque

Então, aqui estamos. Você estava apaixonada e tentava a todo custo salvar o seu relacionamento? Ou você estava apaixonada tentando a todo custo ser perfeita para ele? Ou, ainda, você estava namorando feliz e contente sem ter que fazer nada a qualquer custo?

Claro que, quando um relacionamento acaba (salvo pouquíssimos casos), ele não estava lá grande coisa, mas sempre é desgastante e assustador quando chega ao fim.

Essa fase do término é completamente chocante. Você não sabe se chora, se não acredita no que está acontecendo, se deita no chão e deixa um caminhão passar por cima, se liga pra amiga, se liga para ele para dizer que não está acreditando e que não sabe o que fazer, se chora de novo e por aí vai.

Putz, como isso dói. As pessoas que nunca passaram por um término traumático realmente não fazem ideia de como é essa dor. Parece melodrama – e é –, mas mesmo assim é autêntico e verdadeiro.

Uma dica boa é – tentar – não surtar na frente do cara; afinal, você não quer que ele tenha pena de você. Tente respirar fundo, entender o porquê daquilo e ouvir mais do que falar, e, na sequência, ir para a sua casa ou algum lugar em que você se sinta confortável.

Veja bem, isso não quer dizer que você não deva chorar, ficar triste etc.; só não quero que você encarne o tio Chico e comece REALMENTE a ter um ataque de loucura na frente do ex-boy.

Eu sei que esse tipo de dica pode parecer com aquele folhetinho de como proceder numa queda de avião – todo mundo lê e entende, mas na hora, minha amiga, é desespero total e você nem se lembra das recomendações –, porém não custa alertar aqui.

Depois de levar o fora, vá para um lugar em que você possa chorar – de soluçar – e em que consiga ficar sozinha ou com pessoas que não vão te julgar ao ver sua situação. Minha sugestão seria família, mas sabemos que nem sempre isso é possível e que, às vezes, um amigo vai cobrir esse buraco. Ok, mas que seja O amigo.

Chore. Lamente. Durma. Assista à TV. Chore de novo. Grite. Se pergunte. Chore. Chore. Chore. Viva esse momento.

Dica prazamigue de quem está na fossa

Não ache que você tem que resolver a situação. A sua companhia e a sua paciência (isso você tem que ter) serão absolutamente essenciais para essa fase. Segure a mão e, se precisar, chore junto com a sua amiga. Agora não é hora de dar conselhos, é hora de deixá-la viver aquilo do jeito dela.

Dica da psicóloga

Por que é tão importante viver o luto pós-término?

O fim de um relacionamento amoroso é sempre sofrido. Para alguns, mais do que para outros. Quando o relacionamento termina, é como se uma parte da pessoa tivesse sido arrancada, muitas vezes, à sua revelia. É a morte da idealização de uma relação que parecia prometer tudo.

Viver a angústia, a frustração, a raiva, a tristeza, entre outros sentimentos, é essencial nesta primeira fase do luto pelo término da relação. De nada adianta fazer de conta que tudo parece ótimo se realmente não estiver. Não reconhecer o sofrimento, passar por cima de você mesma, obrigando-se a aguentar tudo, pode trazer problemas no futuro para elaborar os ganhos e as perdas que a relação trouxe. Quando o sofrimento não é bem vivido, torna-se crônico.

Cada pessoa tem seu tempo para superar o choque e o desespero. Por isso, esse momento precisa ser respeitado e, de preferência, compartilhado não com muitas pessoas, mas com aquelas em quem você realmente confia e sabe que te querem bem.

Permita-se viver o sofrimento, esgote-o, mas lembre-se de que há muitas coisas importantes em você e ao seu redor. Encare a tristeza, mas siga se cuidando.

fase 2

O chororô e a raiva são BFFs

Você ainda não passou da fase da tristeza (normal!), mas a rejeição também pode nos trazer um pouco de raiva, principalmente se a pessoa nunca mais deu as caras e parece não se arrepender da decisão de ter te dado um fora.

Tenha uma ou duas pessoas em quem possa descarregar essa raiva e até falar mal dele (quem nunca?), mas faça isso com alguém em quem realmente confie, caso contrário ficará feio pra você.

Lembra do papo de não despertar "dó" nas pessoas? Então, quando você está machucada e sai por aí falando bobagens – ou até verdades – sobre o cara, as pessoas vão perceber que você está com raiva e não vão dar a menor credibilidade para o que está dizendo. Aliás, isso pode até mesmo gerar um efeito rebote e fazer você ganhar apelido de louca (#nãoqueiraessafama). E não diga que não se importa com que os outros pensam; todo mundo se importa.

Outra coisa bem perigosa nessa fase é a bebida. Como você ainda está na fase do chororô e da raiva, o álcool pode te trazer uma sensação de bem-estar num primeiro momento, mas ao longo da noite e no dia seguinte vai fazer surtir o efeito contrário, a famosa BAD (bebi, ai Deus).

Mas se você realmente quer tomar aquela cerveja, vinho, vodca, tequila (depende do grau da tristeza), sugiro que beba em casa e longe de celular, computador, tablet ou coleguinha chata que fica falando que seu ex está com a fulana, que ele saiu pra tal lugar, que está feliz etc. Aliás, esse tipo de colega pode ficar fora da sua vida com ou sem álcool. Obrigada, de nada.

Dica prazamigue de quem está na fossa

O combo família + amigos nessas horas é essencial. Então, se seu amigo/a está passando por isso, não deixe – em hipótese alguma – ele sair por aí falando pra Deus e o mundo o tamanho do pipi do cara, quão ruim ele era na cama, que ele tinha bafo, que a sogra era uma mala, que talvez ele seja gay... Não, não e não!

Dica da psicóloga

Por que amamos odiar quem nos deixou? É uma forma de ficarmos próximos do outro?

Apesar da tristeza, após o rompimento inicia-se a fase da desidealização. É o momento em que, para lidar com a rejeição, o abandono e a enorme frustração, passa-se a enxergar apenas o que há de ruim na pessoa que causou a ruptura.

Amor e ódio andam de mãos dadas. Falar mal, condenar o outro ou planejar vinganças são maneiras de você continuar presa ao outro.

Por um período, não muito longo, são esperadas enormes variações entre amor e ódio. Sem dúvida, enxergar mais os aspectos negativos do que os positivos é parte do processo de descolar-se desse amor que parecia alimentar sua vida.

Falar mal, condenar o outro ou planejar vinganças são maneiras de você continuar presa ao outro.

A pessoa que ama sempre alimenta a esperança da eternidade, e lidar com o fato de que o outro pode não estar mais interessado em manter o relacionamento é muito duro. Mas essa dor pode ser superada.

Saindo da solidão do sofrimento e buscando apoio

(Poucos amigos e família)

Se apegue a pessoas com quem você possa contar e em quem possa confiar. Você não precisa de milhares de conselhos e palpites. Essa fase requer pessoas carinhosas, queridas, verdadeiras e que possam falar algumas verdades que você precisa escutar. Muita calma nessa hora, porque nem tudo o que a gente escuta é agradável. Ouça as críticas, os toques e os puxões (carinhosos) de orelha. Quem está de fora consegue analisar a situação melhor do que quem está no meio do furacão.

Alguns exemplos de crítica:

"É, Ju... você ficava muito chata quando estava perto dele; eu não conseguia nem conversar com você direito."

ou

"Nossa, como o Pedro era chato. Eu tinha que sorrir porque você era minha amiga, mas o cara tinha que ganhar troféu de mala do ano."

ou

"Pelamor! Esse cara só te anulava e te tratava mal. Fora que tinha jeito de ser mulherengo..."

ou

"Nunca achei que vocês iam dar certo..."

ou

"Agora eu posso falar: acho que ele curte homem."

Aproveite esse período para se reaproximar daquelas pessoas de quem você se afastou durante o relacionamento. Olha que coisa boa! Reencontrar amigos é maravilhoso, e você precisa disso nesse momento. Lembre-se de que os boys vêm e vão, mas os amigos, não. Tem coisa melhor do que voltar a sair com aquela amiga de anos que você já não encontrava tanto por causa do ex-boy?

A família também é um dos melhores remédios que existem para o pós-término. Se seus amigos são a sua família, abuse da companhia deles. São eles que vão estar com você na pior fase da sua vida e também te preparar para a melhor. Sabe por quê? Porque isso vai passar. Confie.

Dica prazamigue de quem está na fossa

Ei, você aí! Nada de ficar dando informações do ex pra amiga; se finja de morta se souber de alguma coisa. Agora não é o momento de dar notícias que vão deprimir ainda mais a pessoa.

Se você souber falar com jeitinho, essa fase é ótima para lembrar sua amiga das coisas não tão maravilhosas que o ex tinha. Não precisa chegar chegando, com mil pedras e xingamentos, mas é legal ter alguém com um olho crítico que desmistifique um pouco o homem "perfeito" que ainda está na cabeça dela.

Dica da psicóloga

Ter o apoio da família e dos amigos diminui a tristeza?

Sem dúvida uma boa e aconchegante rede familiar e/ou social faz toda a diferença. É o momento de olhar para fora, andar por caminhos deixados para trás e abrir novas rotas.

Nesse momento, há uma tendência à solidão. Mas evite prolongá-la por muito tempo. É um equívoco achar que estar todo o tempo ligada ao problema é uma forma de resolvê-lo. Desfocar do sofrimento pode trazer momentos importantes de trégua que ajudam na recuperação.

Alie-se à tristeza no sentido de entender que ela faz parte do processo de luto – que, com certeza, vai passar. E, enquanto não passa, tente fazer coisas de que goste. Busque a companhia de pessoas próximas que não a censurem pela forma como está vivendo o término.

Evite usar a bebida, o consumismo e o excesso de comida para escapar da tristeza. Essas fugas resultarão em outros problemas. A passagem do tempo, a reflexão e a decisão de não ser totalmente engolida pelo sofrimento ajudam muito.

fase 4

Eliminando ligações

(Deletando pessoas das redes sociais)

Ai, ai, ai. Terminar já é difícil, mas nos tempos modernos é muito mais desafiador. Antigamente as pessoas terminavam e quase nunca se viam (que maravilha!), mas hoje em dia a coisa mudou.

Você praticamente acompanha em tempo real a vida do ex. É muito fácil saber o que, como, por onde e com quem ele está. Chega a saber em detalhes o que ele come, onde está, com quem fala, e alguns até fazem questão de espalhar por aí quanto pesa cada um dos seus bíceps, tríceps etc. com aquelas selfies na academia.

As redes sociais são altamente perigosas na hora da fossa. Ao mesmo tempo que mostram as coisas que estão acontecendo com o ex, também estimulam sua mente a pensar besteira atrás de besteira. Uma tortura autoimposta.

Por exemplo, a menina da faculdade começou a segui-lo. Ferrou. Já é motivo para você chorar e querer ligar para ele pedindo satisfações. Ele saiu com aquele amigo que você odiava, outro motivo para você querer esganá-lo. Ele parece feliz nas fotos, ou você acha que ele está feliz nas fotos... Pronto! Ferrou de novo. Fora a paranoia de seguir absolutamente todos os passos

do moço. Sabe aquele momento em que você se dá conta de que sabe o nome da tia-avó da menina que ele começou a seguir?

Você vira uma detetive, completamente obcecada pela vida do mocinho. Pare.

Tudo o que está descobrindo pode ser verdadeiro. Ele pode estar xavecando a menina da faculdade, estar saindo com o amigo que você odiava e estar feliz? Pode. Mas acompanhar a vida dele só vai piorar a situação em que você se encontra e não vai mudar em nada o cenário atual. Pelo contrário, só vai te causar mais sofrimento.

Se o cara não mostra a menor consideração por você e sai postando coisas que talvez nessa primeira etapa não sejam convenientes, está aí mais um motivo para você parar de pensar nele com amor e de alimentar qualquer esperança.

O ideal é você parar de segui-lo. Para isso, exclua-o das suas redes sociais e apague o número do telefone dele para evitar enviar mensagens. Faça isso também com os amigos e a família dele. Tudo isso de um jeito sutil, sem dar unfollow em massa. Não mostre que você quer despejar todo mundo de uma vez do seu feed, mas aos poucos vá excluindo.

Um dia, quem sabe, você volta a seguir essa galera e fica tudo numa boa, mas agora não.

Outra dica: não saia postando fotos suas de biquíni, seminua, com homens e legendas provocativas. Isso não traz o amor de volta. Quem faz isso é o Pai Isaque, que promete trazer seu amor de volta em sete dias, de acordo com um cartaz na avenida Rebouças.

As famosas frases de autoajuda são proibidas. Fique na sua. Não há coisa mais autopiedosa do que lançar uma frase – falsa, na maioria das vezes – da nossa querida Clarice Lispector e esperar pela ligação dele querendo voltar. Se não tiver nada de legal para postar, não poste.

As famosas frases de autoajuda são proibidas. Se não tiver nada de legal para postar, não poste.

Dica prazamigue de quem está na fossa

Viu alguma movimentação estranha nas redes sociais da amiga? Trate de avisá-la imediatamente de que aquilo não tá rolando e exorcize todos os posts humilhantes da página dela.

Dica da psicóloga

É fácil perder o amor-próprio nas redes sociais?

Atualmente temos um caminho de autocastigo muito rápido: as redes sociais. Desde sempre a ruptura de uma relação amorosa, principalmente quando não é de comum acordo, traz tristeza e angústia para quem foi rejeitado. Nem sempre a pessoa percebe que está desenvolvendo atitudes masoquistas e perdendo de vista o amor-próprio.

Atualmente, afastar-se do ex-amor para evitar mais sofrimento tem sido quase impossível. As redes sociais diariamente dão um report do que está ocorrendo na vida daquele que decidiu sair da relação. Não há outra maneira de evitar mais sofrimento (nunca será 100% possível) a não ser excluindo o ex da sua rede social e pedindo aos amigos próximos e à família que não tragam nenhuma informação sobre ele.

Essas medidas não garantem, mas ajudam a manter em movimento o processo de término.

Aceitação

Sabe o famoso "aceita que dói menos"? Pois é, vamos ter que aceitar.

Você já chorou, já ficou mal na cama, já tentou de tudo e, por fim, percebeu que acabou mesmo.

Eu sei que quando a gente termina, azamigue amam contar histórias em que o cara se arrependeu, voltou atrás e casou com a menina. Legal, mas não faz bem a gente pensar assim. Sua história pode ser diferente.

Aceitar não é parar de sofrer, mas ter consciência de que aquela história acabou e que é hora de se preparar para um novo capítulo. Para quem está na fossa, "novo capítulo" pode soar um tanto pesado, então vamos com calma.

A aceitação é gradual, e ela é a melhor amiga do tempo.

Quanto tempo? Essa é a pergunta de um milhão de dólares da fossa. É difícil responder, porque depende exclusivamente da pessoa, da história, do temperamento e de quão disposta ela está de se desvincular do ex.

Sabe aquela sua amiga que quando vai descrever a

sua fossa fala: "Parece que ela gosta de sofrer, não sai dessa"? Olha, até existe esse lance de curtir uma fossa – é mais fácil se colocar para baixo do que para cima nessas horas –, mas eu não diria exatamente que a pessoa está conscientemente amando aquele momento. Só que o caminho do sofrimento, da vitimização, é mais fácil.

Você pode descer uma ladeira rolando, a passos largos, curtos, correndo, se jogando, e por aí vai. Agora, subir requer um pouco mais de postura, força e foco. Um empurrãozinho não é suficiente; é preciso ter estratégia.

Enxergue seu caminho assim: você tem uma ladeira enorme para subir, o primeiro passo é aceitar que ela existe e que chegar até o topo depende somente de você. Aceite que não rolou; isso não quer dizer "esqueça". Aceite que não deu certo; isso não quer dizer "arranje outro". Aceite que a sua vida dependerá 100% de você de agora em diante; isso não quer dizer que será pavoroso, difícil e solitário.

Essa parte da aceitação é muito importante para começar a criar aquela casquinha na ferida. Não tem como recomeçar sem antes aceitar o fim.

"Não tem como recomeçar sem antes aceitar o fim."

Dica prazamigue de quem está na fossa

Parou com essa palhaçada de ficar botando esperança numa história que acabou. Se eles voltarem e casarem, ótimo, mas a realidade agora é outra.

Dica da psicóloga

O medo de aceitar pode ser maior do que a dor em si?

O medo de aceitar é o medo de olhar para dentro, de refletir, de levantar, de maneira realística, agora sem o efeito do choque, os aspectos que levaram a relação ao fim. Todo casal é complementar, portanto, quando há crises e rupturas, cada um tem 50% da responsabilidade. Mas isso não significa que você deva se culpar, e sim compreender melhor o que viveu.

O início e o fim de uma relação, às vezes, contêm um certo mistério que nem sempre conseguimos decifrar. O fim de uma relação amorosa, independentemente do tempo de duração, deve trazer amadurecimento e reflexão. O estado de vitimização ou culpabilização não ajuda nesse amadurecimento.

Este é o momento de reavaliar o tamanho das expectativas que foram depositadas no outro e de constatar que não existe ninguém que garanta amor eterno.

Nas relações amorosas de melhor qualidade, os parceiros possuem interesses e projetos próprios, e, ao mesmo tempo, podem estar em parceria.

Faça algo por você

Você aceitou! Parabéns! Se isso ainda não aconteceu, volte para a fase 5 e pratique um pouco mais; já já você volta para este papo aqui.

Olha que coisa maravilhosa, você caiu, se esborrachou, se machucou seriamente, foi levada para o hospital e ficou lá, com dor. Depois ficou com raiva porque perdeu muito tempo "internada". Mas, com a ajuda dos médicos, das enfermeiras e dos bons amigos que foram ao hospital te visitar, você conseguiu entender e aceitar que aquele tombo foi necessário, e que as coisas naquele relacionamento não saíram exatamente do jeito que você imaginou. Agora já pode arrumar as suas coisas para receber alta. Você venceu uma das dores mais doídas!

Há quanto tempo você não faz alguma coisa para você?

Esse é um tópico de extrema importância no processo de superação da fossa. Quando estamos num relacionamento, o outro passa a ser nossa referência. Isso acontece por causa da paixão e do carinho que sentimos, da empolgação por estarmos junto de alguém que amamos etc. É natural e até saudável que a gente pense mais como um casal, esquecendo que, mesmo a dois, somos um.

Quando nos desligamos daquela pessoa que acreditávamos ser o nosso amor eterno, sentimos um vazio enorme, perdemos o chão e nos fazemos a famosa pergunta "e agora?".

É nesse momento, na fase 6, que você se dá conta de que há vida depois do fim do relacionamento. Pois é, existe vida após uma doída ruptura.

Faça uma lista de coisas que você amaria fazer ou mudar – dentro ou fora de você. Não precisa mostrar pra ninguém. Escreva tudo aquilo que vier à sua cabeça. Pode ser fazer uma viagem, um curso, entrar para o teatro, aprender uma língua nova, participar de um flash mob, largar o emprego para montar o seu próprio negócio, pintar o cabelo de uma cor que você sempre quis, emagrecer, entrar na academia, fazer trabalho voluntário, perdoar alguém, fazer sexo sem compromisso... enfim, tudo aquilo que quiser que esteja na lista. É importante saber que fica proibido o uso do nome do ex e de qualquer atitude do tipo "reconquistar o ursinho". Argh! Não! Se você pensou em colocar isso na sua lista, pode voltar para a fase 5.

Com a lista pronta, escolha qual dos itens pretende fazer primeiro. Esses simples escritos serão o seu norte, e as ticadas de check vão te dar uma ideia de quanto você está realmente pensando na sua vida.

O importante é manter o foco. Se ao terminar a lista você decidir pintar o cabelo de azul, vai fundo! O foco aqui é continuar subindo a ladeira com força e pensamento voltados para você.

Dica prazamigue de quem está na fossa

Seja companheira e grande incentivadora da sua amiga. Dê força para tudo o que for divertido, diferente e fizer bem para ela!

Dica da psicóloga

Existe um tempo médio para superar o término?

A superação da perda varia de pessoa para pessoa. Não existe jeito nem tempo certo para passar. Claro que quem vive o término de um relacionamento gostaria de sofrer o menos possível e pelo tempo mais curto. É importante lembrar que sair da fossa não significa esquecer quem perdemos; pelo contrário, para "fazer o luto" é necessário lembrar.

Se nesse momento você ainda lembra e sente dor, mesmo que menos aguda, vale escolher uma atividade concreta em que você possa expressar a dor, a saudade ou o não entendimento pelo término. Por exemplo, escreva um diário em que possa expressar seus pensamentos, a falta que ele te faz, as lembranças, as interrogações, a raiva e a decepção. Se não gostar de escrever, desenhe, faça gravações no celular, ou seja, qualquer coisa que possa concretizar o momento vivido. Quanto mais você puder lembrar e expressar com liberdade o que pensa e sente, maior será o espaço construído para novas experiências, especialmente com você mesma e com a vida que continua acontecendo ao seu redor.

Comece a olhar ao redor

(Despertando o que estava adormecido)

Olhar não tira pedaço e faz bem pra cabeça.

Comece aos poucos, aceite mais convites dos amigos para sair para jantar, ir a um bar ou a uma festa diferente. Procure sair da zona de mesmices em que se manteve até agora. O que você menos precisa agora é encontrar a prima do ex em alguma festa e ter que aguentar aquele olhar de pena seguido de palavras de "conforto": "Meu primo é um burro de ter terminado com você. A família inteira sente saudades suas. Como você tá?".

Saia dessa Faixa de Gaza! Você não precisa trombar com o ex nem com ninguém que fale ou te faça lembrar dele. Se liberte da turma do ex, saia com pessoas que não tenham nenhuma relação com ele.

Continue firme colocando em prática os itens da lista que você criou na fase 6, porque a ladeira continua e você está indo muito bem.

Dica prazamigue de quem está na fossa

Acompanhe a sua amiga ou a leve para fazer programas diferentes com pessoas diferentes. Mantenha os amigos que ela tem em comum com o ex longe dela e nunca cite o nome dele, nem mesmo para xingar.

Dica da psicóloga

Conhecer novas pessoas e fazer novos programas pode trazer uma sensação de alívio?

Novos horizontes trazem de volta a autoestima, o entusiasmo, e dão passagem para o movimento da vida. É um alívio conseguir retomar as rédeas da sua vida e da sua rotina. Isso não tem preço.

O fim de um relacionamento amoroso abre feridas profundas e mexe com a autoestima de cada um; por isso, retomar sua autoridade pessoal e a capacidade de escolher o que quer e o não quer para sua vida é, sim, o maior e mais confiável sinal de saúde psicológica. Chegar ao topo da montanha depois de uma longa e doída caminhada merece celebração.

fase 8

Recaídas podem acontecer

Se você segue firme, sem olhar para trás, vá direto para a fase 9. Mas, se você sofreu uma recaída, saiba que isso é normal.

Talvez o ex tenha notado que você está sumida, nenhum dos amigos dele sabe do seu paradeiro, ele não vê lamentações nas redes sociais e logo percebeu que você está superando o fim dramático. O que ele faz? Vai atrás de você.

ou

Você estava indo tão bem que achou que uma ligação para um encontro não ia te abalar em nada, até porque você já está ótima.

ou

Aquela famosa esbarrada em alguma festa, bar, restaurante que acaba resultando em beijos calientes e cama.

Duas coisas podem acontecer nesse momento: ou você volta a se apaixonar com força total (porque o sexo foi maravilhoso etc.) ou você percebe que pegou uma verdadeira birra do cara (porque ele te machucou tanto que nem a transa da noite anterior foi capaz de te abalar).

Se a sua resposta foi a segunda opção, feche este manual, saia andando à la Gisele e comemore. Você desencanou!

Mas se você está sentindo que a paixão voltou, calma. Fica aqui comigo que ainda dá para limpar essa mer** toda.

Ter uma recaída não significa que você seja trouxa, imbecil ou burra. A verdade é que certos relacionamentos acabam marcando muito a

nossa vida, e desencanar de uma vez por todas leva tempo e pode parecer quase impossível.

O que tem que ser levado em consideração é o que acontece depois do encontro com o ex. Normalmente, esses flashbacks acabam em choro e não resolvem a sua situação atual (de dor e sofrimento); só ajudam a piorar.

Preste atenção no que você sentiu (ou está sentindo) depois que acabou toda a parte caliente. Lembre-se da dor que passou e de todo o seu esforço para chegar aqui. Para cada ponto positivo do ex que você listar, lembre-se de algo negativo que viveu por causa dele. Não se esqueça de se perguntar como ele te trata. Se ele vem com desculpas do tipo "eu ainda amo você, mas a hora não é agora", é isto que realmente está passando pela cabeça dele:

"Transei com você porque você é gostosa, bonita, legal, uma ex de quem eu gostei etc. Te dei um pé na bunda e tô amando sair por aí fazendo o que eu quero, na hora que eu quero. Achei legal saber que você ainda é apaixonada por mim, que posso vir aqui fazer o que eu quiser quando sentir saudades de você e que a gente não precisa estar namorando para isso. Obrigado, fulana, você me deu o melhor dos dois mundos. Ah, última coisa! Não me liga nem vem atrás, porque eu não vou voltar com você e, talvez, eu seja meio frio assim que sair daqui... por quê? Bom, porque eu não vou voltar com você".

Será que valeu a pena aquela cena de amor tórrido que durou menos de uma hora? Valeu a pena essa recaída (partindo do princípio de que o cara NÃO quer voltar com você), com lágrimas, chororô e coração partido mais uma vez? Olha só, honestamente, dependendo da recaída, você pode precisar voltar para as primeiras páginas do manual, o que significa começar todo o sofrimento de novo – se a dor estiver muito forte, recomece. Mas pense bem, você precisa que ele termine com você duas, três, quatro, cinco vezes?

Uma boa dica para evitar esse tipo de situação é não encontrar seu ex no momento em que você ainda está frágil. Se o destino colocá-lo na sua frente, não ache que é Deus mandando sinais para você se jogar. Deus está ocupado cuidando de outras coisas no mundo. Ligue para um amigo ou familiar confiável – e com a cabeça boa – antes de tomar qualquer decisão. Tente se afastar do ex e se lembrar das coisas ruins que ele te fez, do jeito que a relação acabou e que, se ele quisesse muito você, vocês estariam juntos. Respire fundo umas três vezes. É tipo vontade de comer doce ou de fumar: segura que passa.

Outro grande problema é que ex sempre gosta de mandar aquela lábia sem vergonha sobre saudades, quanta falta você faz na vida dele e que um dia vocês ainda vão ficar juntos. Engraçado que depois que acaba o sexo ele parece não sentir nenhuma dessas coisas e ainda tem pressa de ir embora. Ou tem aqueles filhos da mãe que fazem você se sentir superespecial, até cada um ir para um lado, e depois desaparecem.

Claro que estamos generalizando, até porque vocês podem voltar depois de um flashback, mas na maioria das vezes não é isso que acontece. Não se iluda!!!

Dica prazamigue de quem está na fossa

Não chegue revirando os olhos ou falando que a pessoa foi burra de ter tido uma recaída pelo ex. Você pode até dizer que aquilo não faz bem a ela, mas lembre-se de que ela precisa que você não desista dela.

Dica da psicóloga

Por que a recaída no processo de desligamento de uma pessoa que lhe fez muito mal parece mais fácil do que ignorá-la? Gostamos de sofrer?

Como ainda há uma forte ligação, você vai sentir dificuldade de dizer "não". No fundo, o reencontro se apresenta como uma possibilidade, alimentando a esperança de reatar.

A recaída ocorre porque ainda há fragilidade, dúvida, e a autoestima não está completamente reconstruída.

A ilusão de que algo mudou ou que será possível despertar no outro o desejo de reatar a relação pode levar, sem nenhuma consideração à dor já vivida, à tentativa de um novo encontro.

Para que isso não aconteça, é necessário que a pessoa esteja realmente decidida a não mais sofrer. Às vezes, alcançar esse estado requer idas e vindas, até que a realidade, por bem ou por mal, se imponha, dando todas as evidências de que acabou.

Trabalhe a sua mente, sempre

Tão importante quanto saber que você precisa esquecer seu antigo relacionamento e seguir em frente é fazer algo para que isso de fato aconteça.

A cabeça é um instrumento essencial para que você consiga retomar a sua vida. Normalmente, a vontade de sair da fossa de uma vez por todas é grande, mas faltam atitudes que vão – realmente – te levar adiante.

Treine sua mente para evitar pensar que você é uma droga, que ninguém te quer, que você nunca mais quer se relacionar com ninguém, que relacionamentos são sinônimo de sofrimento etc.

Agora você precisa fazer outra lista, dessa vez com as suas qualidades. Se não conseguir fazer sozinha, peça ajuda aos seus amigos e familiares. Pode parecer bobo, mas adianta. Com a lista pronta, toda vez que você ousar pensar algo ruim a seu respeito, leia em voz alta todas as suas qualidades que você e as pessoas que te amam colocaram no papel. Leia e releia, incansavelmente. O nosso cérebro memoriza coisas ruins, mas também é capaz de gravar coisas muito boas. Garanto que ouvir o que as pessoas têm para lhe dizer de positivo vai ser, no mínimo, especial.

Por último, faça cópias desse papel e coloque ao lado da cama, na carteira, no carro, grave no celular. E me faz um favorzinho? Procure, nesse momento, estar junto de pessoas com alto-astral e bem resolvidas. Elas nos dão mais conforto e segurança de que isso vai passar...

Dica prazamigue de quem está na fossa

Capriche na lista de qualidades da sua amiga. Se quiser, reúna as melhores amigas e faça a lista sem ela ter pedido. Vai ser especial!

Dica da psicóloga

Qual a importância da autoestima para sair da fossa?

A autoestima é o centro de tudo. O que isso significa? Significa que a maneira como você se vê e se respeita é o fator mais importante da superação da fossa.

Saber tomar conta da sua cabeça e do seu coração tem um valor inestimável, e essa função é intransferível, mesmo nas boas relações amorosas. Ninguém pode ter o poder de definir quem você é e como deve se comportar.

Se você perceber que ainda tem dificuldade para aceitar o fim do relacionamento, seria importante buscar a ajuda profissional de um psicólogo para se conhecer melhor e, assim, se apropriar de seus valores, qualidades e, principalmente, sua força para escolher não fazer nenhum acordo com situações que te levem a sofrimentos desnecessários.

Faça a Namaria e seja mais você

Pense bem, dá um certo orgulho olhar pra trás e ver que a casa caiu e você ficou de pé no final.

O choro não vem mais, você está conseguindo ver filmes de amor e até se imaginar com outra pessoa, a panela de brigadeiro foi trocada por um belo prato de vegetais, peixe e arroz integral, afinal você agora está num projeto pró-você. A vida está voltando a ser vivida com mais alegria. Você não está 100%, mas quer estar e luta por isso todos os dias. BINGO! A decepção criou uma casca que talvez dê mais trabalho para o próximo boy tirar. Mas e daí? Antes trabalho para os outros do que para você.

As expectativas (a-do-ro essa parte!) estão mais baixas. A decepção faz isso com a gente. E posso falar? É ótimo! Não esperar sempre o melhor faz a gente não querer ser perfeita o tempo todo. Resultado disso? Relacionamentos mais reais, menos "perfeitinhos" e, consequentemente, com gente de verdade do nosso lado. Não quer dizer que nessa fase o ex

possa passar na sua frente que você não vai ligar; pode ser que essa ainda não seja a sua realidade. Ok, normal. Mas de uma coisa eu tenho certeza: você vai fazer a Namaria e ser mais você.

Agora é hora de você parar de se sentir vítima. O cara pode ter te traído com sua melhor amiga, você pode ter pego os dois no flagra – sem dúvida isso é horroroso –, mas chega um ponto em que você precisa deixar esse papel de machucada para trás. Você é forte, aguentou tudo isso e está aí, firme, dando os próximos passos para uma vida que te reserva boas surpresas. Afinal, um pé na bunda dói, machuca, fere, mas nunca matou ninguém – e não vai matar você.

Dica prazamigue de quem está na fossa

Primeiro, se você ficou ao lado da sua amiga durante todas essas fases, parabéns! É de amizades assim que o mundo precisa. Agora vem a parte boa de tudo, a autoestima de quem teve o coração partido está cada vez melhor e a luz do fim do túnel foi acesa por ela mesma. Ufa! Temos uma amiga de volta! Continue dando força para a sua BFF e saiba que seu lugar no céu está reservado.

Dica da psicóloga

Como fazer de toda essa experiência um aprendizado?

As crises servem para nos tornar mais conhecedores das nossas limitações e, principalmente, das nossas possibilidades. Separações, perdas, decepções são oportunidades para avaliar e reavaliar a forma como agimos, pensamos e conduzimos o nosso dia a dia.

Passada a tempestade, é hora de olhar para o que foi construído naquela relação, deixar para trás culpas, ódios e ressentimentos, considerar os momentos que foram bons e, por fim, ser grata à vida e a você mesma por sua coragem e sua força para dar conta do que pensava que seria impossível.

Todas essas situações difíceis são, ao mesmo tempo, desafiadoras e, por que não, transformadoras, e farão sempre parte do livro da sua vida. Por isso, a experiência não será esquecida. Pode ser lembrada e, às vezes, até valorizada do ponto de vista do crescimento pessoal.

Agora você deve seguir em frente e abrir caminho para novas possibilidades, sabendo que qualquer relacionamento amoroso não carrega em si alguma garantia. Portanto, tenha em mente que a relação tem de estar em contínua construção.

Para se conhecer melhor, afinal o foco aqui é você, montei um teste que vai calcular em que nível da fossa você está. Tente refazê-lo de tempos em tempos para entender o seu progresso e/ou onde o sapato ainda aperta!

Calcule o nível da sua fossa

Você chora quantas vezes por dia?

a. Chorar o dia inteiro é igual a quantas vezes?
b. Quando estou sozinha, choro até cansar.
c. Só quando a ressaca aperta muito, mas logo passa.
d. Choro de rir quando lembro do meu ex.

Quando você bebe:

a. Pego logo o celular e tento ligar pra ele, e se ele atende a coisa vira um drama.
b. Se bebi um pouquinho a mais, ligo aos prantos para a minha amiga; se bebi muito e tô meio na bad, mando mensagem pra ele.
c. Não ligo nem mando mensagem para meu ex bêbada, mas fico horas nas redes sociais sofrendo com cada like e comentário que ele faz para outras.
d. Me divirto.

Quantas vezes você fala dele para suas amigas?

a. Todos os dias. Minhas amigas me aguentam falar desse assunto o dia inteiro.

b. Tento evitar, mas falo bastante.

c. Não falo porque preciso superar, e falar só me faz lembrar dele.

d. Falo bastante sobre como foi bom eu ter me livrado disso!

Já saiu com algum date/gatinho/peguete?

a. Oi? Você tá brincando, né? Eu não quero mais ninguém, só quero ele de volta!

b. Eu sei que algum dia eu vou sair com outras pessoas, mas não agora.

c. Tô superbem sozinha, saio para conhecer pessoas e, se eu curtir, fico.

d. Tô ficando com um carinha aí que tá me fazendo muito bem!

Tem medo de ficar sozinha?

a. Tenho medo de ficar sem ele.

b. É, não posso mentir que a ideia de ficar sozinha dá um gelo na barriga.

c. Medo eu não tenho, sei que uma hora ou outra eu encontro alguém.

d. Não, porque eu não tenho dúvida de que vou ter alguém maravilhoso na minha vida.

Você já apagou as fotos de vocês nas redes sociais?

a. Apaguei num momento de raiva, mas dei um print e salvei tudo. Olho todo santo dia para elas enquanto ouço a nossa música.

b. Algumas eu apaguei, outras, em que estamos com mais gente, deixei.

c. Não acho necessário isso. Foi uma fase da minha vida, não preciso apagar agora.

d. Não apaguei, mas já coloquei um monte de selfies minhas!

Em qual estágio da fossa você acha que está?

a. Fundo do poço. Escuridão. Pior momento da minha vida. Vou morrer disso?

b. Me resta um pouco de tristeza, mas agora eu sinto mais é raiva dele.

c. Aceitei que acabou e tô tocando a vida em frente.

d. Não tô mais na fossa. Claro que resta um certo trauma, mas nada que eu não esteja superando. Me considero livre dele.

O que você postaria hoje nas redes sociais?

a. "Nossa glória não está em jamais cair, mas em levantar a cada queda."

b. Uma paisagem linda com uma legenda um tantinho dramática.

c. Uma foto minha bem deusa, maquiada e sorrindo.

d. Selfie tipo sou mara.

Resultado

Mais respostas A:
80 a 100% de fossa

Pois é, amiga, o negócio não está dos melhores, né? Mas olha só, tudo tem um lado bom, você está com o livro certo nas mãos (#amodesta). A fossa pode parecer um caminho sem volta, mas a gente – que já passou e ficou bem – sabe que não é bem assim.

Você está num momento de "sofrência" máxima, dor no estômago, choro incessante e imensa vontade de tê-lo de volta em sua vida. Eu não posso dizer para você não pensar assim e partir para outra, porque sabemos que a banda não toca desse jeito. O meu conselho nesse momento é ler calmamente o #*Manual* e entender que a fossa tem seus estágios. Esse em que você está é o pior, mas ele vai amenizando ao logo do tempo. Um amigo uma vez me falou: "Encare isso como uma ressaca muito forte; os efeitos são desagradáveis, mas com o tempo melhora, disso você pode ter certeza".

Chore o que tiver para chorar, desabafe com poucos e bons amigos, mas, em hipótese alguma, se humilhe para o cara. Humilhação não vai te levar a lugar algum, não vai fazê-lo voltar nem vai diminuir esse sofrimento. Eu sou partidária do movimento #sofrersimsehumilharnão. Aguenta firme que vai melhorar.

Mais respostas B: 50 a 79% de fossa

A fase da escuridão profunda passou, mas a ferida ainda está lá. Fico feliz que você esteja nesse processo da fossa; isso quer dizer que a luz no fim do túnel deu algumas piscadas e você está começando a acreditar que algum futuro te espera.

A raiva nesse momento é grande, portanto, cuidado. Não tome atitudes drásticas e agressivas. Mensagens de ódio para o ex não vão adiantar nada, muito menos ficar com aquele carinha que ele odiava. Respire fundo e pense que já já você vai passar para outra fase da fossa, em que ele não fará a menor diferença para você. Acalme os ânimos. Não alimente ódio. O desprezo é a melhor cura.

Mais respostas C:
30 a 49% de fossa

Você está na fase da aceitação, e ela é muito importante. Esse é o momento de voltar a fazer planos, de se refazer e se reestruturar. Você não está mais com vontade de estar com ele, pode restar alguma possessão (quem nunca?), mas aquele desespero da separação já foi embora. Você amadureceu mais a ideia de estar sozinha, a ferida está formando casquinha e já não dói mais.

O problema dessa fase é o grande desinteresse que você pode desenvolver pelos outros. Sabe aquele trauma que nos faz pensar que nenhum homem é legal? Então, cuidado para não generalizar. Existem pessoas novas, paixões novas e vida nova. Nem todos os homens são ruins; o seu ex não é parâmetro.

Mais respostas D:
0 a 29% de fossa

Fossa? Que fossa? Você já passou pelo drama todo, já chorou, sofreu e agora está colhendo os frutos do seu amadurecimento pós-pé na bunda. Claro que a cicatriz está lá, mas ela é uma parte do seu corpo, e não o todo. Ufa!

Diz aí, depois da tempestade sempre vem a bonança, né? Tá vendo como as pessoas não estavam mentindo quando te disseram que isso iria passar? Pois é, passa mesmo!

Continue nessa maré de autoconfiança, procure ser a sua melhor companhia e fique esperta para os futuros boys. Eles têm que valer muito a pena!

CAPÍTULO 5

O que NÃO fazer

A FOSSA É DOLOROSA E MUITAS VEZES ENLOUQUECEDORA. A NOSSA CABEÇA FICA A MIL POR HORA, E QUASE SEMPRE ACABAMOS AGINDO POR IMPULSO. ESSE IMPULSO NOS LEVA A ATITUDES DAS QUAIS NÃO NOS ORGULHAMOS, E ISSO PODE AFASTAR MAIS AINDA A LUZ NO FIM DO TÚNEL.

VEJA ALGUNS MANDAMENTOS PARA VOCÊ NÃO CAIR NESSAS ARMADILHAS DA TRISTEZA.

Não se faça de coitada

Isso inclui não mandar mensagens para os ex-sogros dizendo que sente falta deles e que gostaria de se despedir. Se despedir do quê? Você não está morrendo (apesar de o sentimento ser um pouco parecido com isso), portanto você não tem que se despedir de ninguém. Não comece a lotar as suas redes sociais com posts contendo frases de tristeza, esperança ou raiva; isso não afeta o ex em nada, ele só vai sentir PENA de você. Não compartilhe no seu status no Facebook, WhatsApp, Twitter coisas como "um dia após o outro" OU "vivendo e aprendendo" OU qualquer coisa que se assemelhe a isso. Não, não e não.

Não procure quem não te procura

O seu ex já desapegou; você acha mesmo que tem algum motivo para procurar essa pessoa? NÃO, NÃO E NÃO.

3

Não vá comer fondue

Pode parecer estranho para quem não gosta dessa comida, mora em lugares muito quentes ou achou meio nada a ver isso estar nesta lista. Vou explicar: o fondue (pronuncia "fondi") foi criado pelos suíços e consiste basicamente em uma panela com queijo derretido e vinho em que você mergulha coisas como pães e legumes. Sair para comer fondue é um programa SUPER-romântico. Resultado: você só vai encontrar casais se beijando, apaixonados, à luz de velas. Não, não e não.

Não saia falando para Deus e o mundo sobre o fim do seu relacionamento

Essa atitude não só vai espalhar uma fofoca desnecessária – que fará de você uma coitada abandonada – como pode afastar futuros dates. Ok, você está magoada, mal, deprê, eu te entendo, mas isso não quer dizer que as pessoas que você nem conhece direito também precisam saber disso. Um exemplo de que você extrapolou todos os limites é quando conhece alguém com o mesmo nome do seu ex e diz coisas assim:

– Oi, prazer, André.

– Nossa, que coincidência! Meu ex chama André.

– Ah, é um nome comum.

– O nome pode ser comum, mas o que o André fez comigo não foi.

E daí o show de horrores começa. Bastou o coitado do André 2 se apresentar para ouvir uma hora da sua história. Ninguém merece.

Não, não e não.

Não fique pedindo explicações para o ex

Resolver o quê? Não foi suficiente a mensagem covarde de quem não conseguia terminar ao vivo? Ou o papo que ele teve com você sobre ter muito carinho mas não estar preparado para essa relação? Ou qualquer outra atitude que se entende por TERMINAR com você? Depois de tudo, você ainda acha que a melhor opção é insistir para ele te explicar o porquê de vocês terem acabado? Não, não e não.

Não descuide de você

Ok, na primeira semana o pijama durante o dia inteiro é aceito, o ninho de nó no cabelo também, mas isso não pode se tornar o seu novo estilo de vida. Esse momento de bastante pessimismo não pode atingir a sua vaidade. Não, não e não.

Não beba com dispositivos móveis ao seu lado, em hipótese alguma

Você sabe o trabalho que vai dar para explicar para o ex a mensagem: "saudadfsh eu ainds te amh...". Sem contar que seu ex vai ou se achar ou sentir mais pena de você. Não, não e não.

Não faça mudanças bruscas na sua vida

Isso pode causar uma sensação de vazio por tudo ter mudado de uma só vez. Uma mudança no visual é super bem-vinda, desde que não seja radical. Tudo vai mudar a seu tempo; você não precisa ter pressa para virar outra pessoa. Aliás, você será sempre você, só que agora ainda melhor.

Corte laços com familiares e amigos do ex

Pois é, essa parte é difícil se a sua relação for muito próxima. Como falamos no mandamento número 8, tudo tem que ser gradual. Vá diminuindo o contato até cortá-lo de vez. Falar com pessoas que são ligadas a ele não vai te ajudar em nada.

Não tire satisfação

Sabe aquela coceira na mão para ligar e perguntar: "Quem é essa menina?", "Aonde você foi ontem?", "Você não disse que odiava ela?". Olha só, vocês terminaram e a vida segue. É difícil, é doído, mas você não é mais namorada ou mulher dele e não tem mais o direito de perguntar nada. Ligue para uma amiga, chore as pitangas, esperneie em casa, mas ligar ou mandar mensagem para o ex pedindo uma explicação? Não, não e não.

CAPÍTULO 6

Pare de bancar a louca!

TUDO BEM. VOCÊ ESTÁ TRISTE, MAGOADA, COM RAIVA E DESESPERADA PARA TER DE VOLTA A SUA VIDA COM O EX. MAS SABIA QUE PODE EXISTIR UM PROBLEMA MAIS GRAVE EM TORNO DISSO? EU O APELIDEI DE VPT, OU VÍCIO PÓS-TÉRMINO.

O VPT é aquela vontade incessante de viver a sua vida em torno desse pé na bunda que está difícil de aceitar. Você não consegue entender como isso foi acontecer e está revoltada porque o outro seguiu a vida e você não.

Diante dessa rejeição toda, você começa a nutrir uma raiva que te consome, que te leva a fazer coisas nada legais para a sua imagem. Há quem diga que a imagem não importa e que as pessoas têm que demonstrar tudo aquilo que estão pensando. Engano total!

Não é à toa que as maiores e as menores marcas do mundo investem em marketing para passar uma imagem positiva de quem elas são. A mesma coisa acontece com a gente. O tal do marketing pessoal em excesso pode ser um festival de falsidade, mas ele precisa existir para que o convívio social seja legal. Tudo em equilíbrio. Você não precisa usar uma máscara nem fingir que é alguém que não é. O BOM marketing pessoal consiste em ressaltar o que você tem de melhor. Só isso.

Quando somos levados pelo sentimento de raiva, mágoa e decepção, não costumamos medir o tamanho do estrago que causamos com as nossas atitudes impulsivas. O impulso pode ser algo tão nocivo que pode destruir, e muito, a sua reputação. Isso pode até mesmo atrapalhar seu trabalho.

Duvida?

HISTÓRIA DA VEZ

"O Marco era um cara que trabalhava no mercado financeiro e namorava a Laura fazia uns dois anos. Todo mundo da empresa sabia que ele era caidinho por uma colega de trabalho, inclusive a Laura.

Um dia, numa festa na casa de um dos chefes do setor, o Marco e a tal colega trocaram olhares e se falaram de um jeito que tirou a Laura do sério. Mas, mesmo depois de terem brigado, o Marco garantiu pra Laura que não era nada daquilo que ela estava pensando e que ela estava louca.

Duas semanas depois, o Marco terminou com a Laura e, na semana seguinte, foi visto aos beijos com a tal colega de trabalho. A Laura foi tomada pela raiva quando descobriu que o namorado havia mentido aquele tempo todo.

Num belo dia, o chefe de Marco recebeu um e-mail contando todos os podres do Marco, de quão mal ele falava do chefe e do banco. O conteúdo do e-mail era pesado e poderia acabar com a imagem que Marco tentava passar.

Resumo? Ele foi demitido e se queimou no mercado. Muito abalado com o que aconteceu, Marco resolveu ir atrás do remetente daquele e-mail horroroso. Eis que chegou no nome da Laura. Ele ficou tão enfurecido que postou essa história nas redes sociais. A Laura foi apelidada de louca, perdeu seu emprego numa loja de roupas e teve que mudar de cidade, porque nenhum cara queria chegar perto dela. Mas internet é fogo e alcança praticamente todos os lugares. A Laura até hoje tem esse estigma e está sozinha.

O Marco? Está namorando e de emprego novo."

A raiva pode se virar contra nós. É impressionante como podemos perder a razão de uma hora para a outra. Por isso, todo o cuidado é pouco.

É claro que a história do Marco e da Laura é um caso extremo, mas outras atitudes também fazem você queimar o seu filme com outros boys interessantes que virão.

Tem gente, por exemplo, que adora difamar a pessoa para os outros, fala que o cara tem pinto pequeno, que ele mandava mal na cama, que é gay, que é brocha... e por aí vai.

Tem gente que ama seguir o ex em todos os lugares para ver se alguma piriguete já entrou na parada e, caso alguma apareça, faz questão de que ela seja jogada no lixão da Carminha pelas suas próprias mãos. Tem outras que falam tanto do ex que ninguém mais quer sair com ela. #dó

Tem gente que liga para a família do ex para entender a cabeça do cara. Outras fazem um perfil falso no Facebook para falar com o boy e sentir se ele já tá pronto para outra.

Já ouvi até casos de a pessoa deitar no chão e pedir pelo amor de Deus para ele voltar.

Pois é... a raiva misturada com essa paixão ilusória dá nisso.

Cuidado!

Todos nós temos um lado obscuro, doido e sem noção, mas tente não mostrar isso em público; vai fazer mal a você, vai afastar pessoas legais e, ainda por cima, vai deixar o ex cheio de moral.

Sabe quando as mulheres olham e falam "gente, se ela é tão louca por ele, ele deve ser um negócio de outro mundo!"?

Descuidar do seu marketing pessoal é alavancar o do ex. #medo

No momento da raiva...

... fique longe de:

1. Celular, tablet ou computadores
2. Casa do boy
3. Bebida alcoólica
4. Coragem que você tem dentro de você
5. Facas
6. Garfos
7. Objetos pontiagudos
8. Região onde ele trabalha
9. Amigos dele
10. Meninas que você sempre odiou durante o relacionamento

... fique perto de:

1. Amigas que acham uó esse tipo de atitude
2. Família
3. Crianças (você sempre fica constrangida de fazer algo errado na frente delas)
4. Chuveiro (local onde você pode gritar e chorar à vontade)
5. Aula de Muay Thai
6. Filmes engraçados
7. Amor-próprio (esse não te deixa cometer loucuras)

Fique perto da tristeza, mas longe do desespero.

CAPÍTULO 7

FAQ (Ou pare de se perguntar...)

RECEBO MUITAS PERGUNTAS RELACIONADAS À FOSSA E PERCEBO QUE AS DÚVIDAS SE REPETEM. EIS AQUI O NOSSO GUIA DAS PERGUNTAS FREQUENTES PARA TE MANTER FIRME E FORTE NO PÓS-TRAUMA.

Quanto tempo dura essa dor?

A dor tem um tempo determinado para passar, o problema é que esse tempo varia de uma pessoa pra outra. Algumas pessoas conseguem ter uma recuperação mais rápida do que outras por razões puramente biológicas.

Conheço pessoas que se separaram depois de anos de casamento e sofreram por apenas algumas semanas, e conheço outras que ficaram meses chorando pelo boy da balada que as levou uma vez para comer uma batata no Mc.

Isso não tem explicação, e é perda de tempo ficar calculando quantos dias ou meses você vai ficar mal. A dor está aí, precisa ser respeitada e tratada. O medo de senti-la pode ser muito maior do que a dor em si, lembre-se disso.

Não tenha medo de sofrer, porque ninguém nunca morreu de amor. #fato.

> Não tenha medo de sofrer, porque ninguém nunca morreu de amor. #fato.

Ele vai voltar atrás?

Eu costumo dizer que ninguém termina querendo voltar. Ok, estou generalizando, mas acredito que quem quer ficar junto fica. A pessoa que tomou a decisão de ir embora tinha razões mais fortes para te deixar do que para ficar, certo?

É duro, mas não podemos viver num mundo de faz de conta. Se a pessoa vai voltar, se arrepender, ficar com outra etc., o problema não é seu. Tenha em mente o seguinte: o relacionamento acabou e você precisa seguir em frente.

Então vamos combinar uma coisa? Pode sofrer, chorar e se lamentar. A única coisa que não rola é congelar a vida esperando ele voltar, ok?

?? Continuo falando com a minha ex-sogra?

Número 1: só chame a mãe do boy de SOGRA quando você estiver casada ou morando junto há muito tempo. Em casos de namoro, ela é apenas a mãe dele.

Número 2: falar com amigos e familiares dele já faz mal, porque você fica lembrando da pessoa 24 horas por dia, mas falar com a mãe dele é tipo esse mal multiplicado por 5. As mães ou as sogras não têm muito filtro na hora de expor suas tristezas pelo fim do namoro de vocês ou até mesmo o ódio que

ela sente da fulaninha com quem ele está saindo – o detalhe é que ela vai te contar tudo em primeira mão. Vocês podem até fingir outros assuntos, mas vão acabar falando do fim do relacionamento, e isso não é legal, colega.

Número 3: manter uma super-relação com a mãe do cara pode dar um bode sem volta nele. Imagine que ele já te deu um fora e você ainda vai ficar pendurada no telefone ou no WhatsApp falando dele para a mamãe? Não, né, gente! Pare com isso. Esfrie as relações, isso será inevitável; quem for maduro e sensível vai te entender. E azar de quem não entender. Você já está muito mal para se preocupar com os outros.

?? É aniversário dele. Ligo?

Você já ouviu falar que em terra de WhatsApp ligação é prova de amor?

Se a relação foi muito longa ou intensa, uma mensagem de parabéns pode até te fazer ficar com a consciência leve por não ter sido mal-educada, mas isso serve para raríssimos casos. Se o término não foi por nada grave, apenas desgaste, e o cara não aprontou nada de "especial", ok. Mas, minha amiga, se o negócio foi qualquer coisa diferente de "terminar numa boa", pense bem antes de dar essa moral toda para o boy.

Mandar somente "Parabéns!" é a mesma coisa que nada. Escrever "Tudo de bom!" seria mentira, nem preciso dizer o porquê. Elaborar uma frase bonitinha é dar muito Ibope... Sinceramente, são poucos os casos em que vale uma mensagem. Ex bom é aquele com quem não mantemos contato nem por telegrama.

Posso dizer para ele que tô com saudades?

?? Não.

E se eu fizer ciúmes com outro cara?

?? Não.

Nossa, por quê? Como você é chata.

Prefiro ficar com fama de chata a ver você se humilhando pra gente que não merece nem a sua falta de amor-próprio. Tudo o que você fizer pensando em afetar o ex será pouco eficaz. Faça tudo por você, nada pelo ex.

Devolvo os presentes que ele me deu?

Colega/amigue, se tem algo que fica quando os relacionamentos se vão são os presentes. Nada de fazer a louca dramática, colocar tudo numa caixa e devolver com uma carta de próprio punho no papel de carta do Ursinho Puff triste. Parou com a palhaçada! Fique com os presentes; ele já te tirou muita autoestima.

Devolvo as coisas dele que estão em casa?

Ê mania de querer devolver aquele moletom verde-musgo todo cagado só para falar com o boy! Olha só, nem se for passaporte a gente se dá ao trabalho de entregar. Se ele quiser, ele que vá pegar na portaria do seu prédio ou com alguém que não seja você.

A gente se vê sempre no trabalho. Como agir?

Trabalho é coisa séria, não dá para causar climão com os colegas, nem rola virar assunto na empresa. Seu término é ultrapessoal, não fale disso com as pessoas e não deixe seu desempenho profissional ser prejudicado. Seu chefe tem que ter uma impressão ótima de você até em momentos críticos como esse.

Quanto ao ex, seja educada e fique na sua. "Não vou causar no trabalho"; repita isso três vezes sempre que chegar na empresa.

Eu soube que ele ficou com outra. Devo tirar satisfações?

Você tomou o pé? Sim.

Está lendo um manual de fossa? Sim.

Vai querer explicação sobre a nova "peguete" de quem te deu o maior fora? Sim.

Você está falando sério? Não.

Ah, bom!

?? Uma pessoa legal, que sempre deu em cima de mim, apareceu. Devo dar uma chance?

Eu deveria dizer: "Vai, amiga!", "Arrasa!", "Se joga!", né?

Mas, na verdade, eu sou muito cuidadosa com essa questão de dar uma chance pra outro cara quando a fossa ainda reina na sua vida. O problema de sair com alguém legal nesse momento é que você tem grandes chances de pegar aquele bode gigantesco da pessoa. Sabe aquele enjoo que você mal aguenta responder uma mensagem do coitado do cara legal? Então...

Eu até acredito num novo amor para dar um novo sentido à sua vida, mas não gosto desse pensamento

de preencher o seu tempo com uma pessoa para esquecer a outra. Isso só vai fazer você comparar um com o outro e deixar de aproveitar o que essa pessoa nova poderia trazer de bom para você.

Timing é tudo. Entenda que, às vezes, ficar sozinha é a melhor coisa. Quando a fossa passar e você sentir vontade de ver o que há por aí, daí eu te ajudo até a escolher o look!

?¿? Meu ex me procura toda vez que sabe que estou saindo com alguém. Isso significa que ele ainda gosta de mim?

Não. Isso significa que ele gosta demais dele mesmo. O capítulo 3 (O cara que dá um pé na bunda mas não larga o osso) pode te responder melhor essa pergunta. Mas, para dar uma resumida: não, ele não gosta de você. Ele só não aguenta ver a pessoa que era apaixonada por ele seguindo em frente.

Lembre-se das regras básicas:

Gostar + querer = estar junto.

Gostar + não estar junto = não querer tanto.

Não estar junto + não gostar + querer atrapalhar a sua vida = atraso de vida.

Gostar + querer = estar junto.

Gostar + não estar junto = não querer tanto.

Não estar junto + não gostar + querer atrapalhar a sua vida = atraso de vida.

CAPÍTULO 8

5 passos para começar o próximo relacionamento com o pé direito – e continuar com ele!

Não tente ser perfeita

Não há nada mais aflitivo do que assistir a alguém tentando parecer algo que não é. Sabe quando o cara gosta de hipismo e você praticamente só sai com ele de botas e calça montaria, para rolar aquela aceitação? Ou quando o cara leva uma vida supersaudável e você passa a escovar os dentes com óleo de coco e a recriminar seu pai que estudou anos de odontologia? Pois é, querer que o outro te ame pelo que você não é só complica a vida.

Com o passar do tempo, as pessoas vão deixando cair as máscaras da perfeição, e aquela pessoa MA-RA-VI-LHO-SA que você fingiu ser por um tempo vai por água abaixo.

Claro que é mais gostoso mostrar as nossas qualidades! Faz parte da conquista essa coisa de encantar o outro com o que você é, mas tenha uma coisa em mente: exalte o que você realmente tem de bom, não invente um personagem.

Não sou a favor de colocar logo na mesa todos os nossos defeitos, manias e podres. O mistério e a expectativa ajudam na conquista, concordo. As coisas não tão incríveis vão aparecer, não se preocupe; mas fingir ser alguém que você não é definitivamente não rola.

Perfeito é se aceitar até com os seus defeitos...

Treine sua mente para evitar a superexpectativa

Desejar que as coisas aconteçam de um jeito legal na sua vida não é crime nenhum; aliás, é sinal de autoestima saudável. O problema é quando a sua cabeça trabalha com metas e objetivos para absolutamente tudo. Por exemplo, você está saindo com um cara, ainda estão se conhecendo, mas o seu pensamento e a sua expectativa já estão no dia do casamento de vocês, a mãe do cara já virou sogra e até o teste da cor do olho do filho hipotético você fez. Se isso só ficasse na sua cabeça, menos mal, o problema é que, sem querer, você vai acabar passando essa ansiedade para a pessoa que está ao seu lado, e isso pode minar o futuro legal que vocês poderiam ter.

Há uns dez anos, eu tinha uma amiga que falava de casamento para qualquer cara com quem saísse para jantar. Ela não necessariamente queria que desse certo com aquela pessoa, mas o desejo que tinha de casar era tão obsessivo que, virava e mexia, lá estava ela descrevendo seu vestido para o cara. Isso assusta qualquer pessoa! Quem disse que você sai para jantar só com o possível pai dos seus filhos? Parou! Vamos dar um passo de cada vez e analisar as situações de acordo com os fatos.

Colocar a carroça na frente dos bois não vai adiantar nada. Curta o momento; nem todo boy que te paga um prato de lasanha é pra casar.

Não seja tão disponível

Essa dica, quem deu foi meu pai. Quando eu e minhas irmãs contávamos pra ele sobre um convite que algum cara tinha feito para jantar, ir ao cinema, viajar etc., ele sempre dizia: "Vá na hora que você achar que tem que ir, não quando ele quer. Homens não gostam de mulheres muito disponíveis".

Pode parecer machista, mas meu pai sempre nos deu toda a liberdade para sermos mulheres independentes, incentivou nossa carreira e jamais nos colocou em um lugar menor que o dos homens. A opinião dele, nesse caso específico, era que você não devia ficar lá plantada esperando pelo boy.

Na adolescência, eu achava que ele estava com ciúmes de pai e queria estragar tudo! Quando amadureci mais e levei uns tapas da vida, vi que a teoria dele era a mais magnífica de todas! Comecei a perceber que, quando você toma as rédeas do relacionamento, cria no boy uma vontade imensa de te conquistar.

O mistério faz bem, ele é uma ferramenta essencial da sedução. Por que você precisa entregar tudo de bandeja?

Vale dizer que não estar disponível sempre não significa ser uma chata. É simplesmente não aceitar o jantar na hora que ele quer, não viajar enquanto você não estiver segura de que aquilo vai ser bom para você, não mandar mensagens se ele sumir... A tática do seu Rocha é "deixe o cara vir atrás de você".

E se ele não vier? Daí, colega, tá explicado, ele não quer! Próximo!

4

Sexo

Sexo para mim é bom quando é seguro, em todos os sentidos. Independentemente de quantas horas, dias, semanas ou meses você precise esperar.

O sexo é maduro e consciente quando não rola aquela neura do dia seguinte, sabe? Quão péssimo é transar com alguém enquanto, ali, no meio da coisa, uma parte de você pensa: "Será que ele vai me ligar? Vou tomar um pé depois dessa? Acho melhor eu fazer tudo o que ele pedir para ele me querer amanhã".

Oi? Você não precisa disso, colega. Não mesmo!

Lembra daquele papo de tomar as rédeas? Então, para o sexo é a mesma coisa. Não sou contra transar no primeiro encontro (apesar de achar que podemos manter o mistério por um pouco mais de tempo), mas sou contra quem faz isso e fala desesperadamente para o cara depois: "Isso nunca me aconteceu, sou de família!". Argh, as pessoas que se intitulam como "de família" me dão arrepio. Amor, todos nós temos família. Boa ou ruim.

A sua segurança vai ser extremamente importante para a boa continuidade do relacionamento. Não adianta transar de primeira e chorar de arrependimento no ombro do cara depois. Ou ainda esperar meses a fio para transar, fazendo aquele papel de "sou uma boa moça", e continuar extremamente insegura no dia seguinte.

Muitas mulheres caem naquela pressão (horrorosa) que os homens fazem para o sexo rolar logo. Eu só tenho uma coisa a dizer: o problema é deles, não seu.

Tome o controle da situação e transe na hora que você bem entender. Não dependa de ninguém para decidir o que fazer com o seu corpo. Ele é seu, não do outro. Estamos entendidas?

Ah! Não se esqueça da camisinha. (Não custa avisar.)

Divirta-se!

Essa pressão toda de casar, ter filhos e viver feliz para sempre pode deixar de lado a parte mais legal de ter alguém ao seu lado: a diversão.

Esqueça um pouco a sua agenda de vida, conheça pessoas (várias, de preferência) e entenda que não há receita de bolo para achar o seu par perfeito. Não se leve tão a sério. Bom humor é afrodisíaco!

Eu me apaixonei pelo meu marido no momento em que cantávamos bem alto uma música do Blink-182 na varanda de casa e ríamos daquela situação – cafonérrima para quem via de longe. Coincidentemente, ele diz que percebeu que teria algo diferente comigo naquele mesmo momento.

Eu não esperava casar com ele; só queria ser feliz comigo mesma. Ele, idem. Até hoje a nossa vida é feita de piadas internas e risadas que fazem doer a barriga.

A beleza vai embora alguma hora, e os problemas vão aparecer. É assim que a vida funciona, e você vai precisar de muito bom humor para encarar tudo isso. Tem coisa mais legal do que contar uma piada boba sem medo de ser julgada? Ou tirar sarro de si mesma sem achar que o outro vai perceber seus defeitos? Vai por mim, bom humor é tudo na vida e é sinal de uma boa autoestima!

CAPÍTULO 9

Radar SOS PNB

6 tipos de "boy" de que você deve ficar longe; afinal, chega de levar pé na bunda

AGORA QUE VOCÊ SUPEROU A FOSSA E ESTÁ PRONTA PARA UM NOVO RELACIONAMENTO, FICA AQUI MINHA DICA DOS BOYS QUE VOCÊ DEVE EVITAR.

O boy egoísta

Você já percebe de primeira que o cara AMA mais que tudo nessa vida falar dele mesmo. Tudo é sobre ele, o trabalho dele, a família dele, os amigos dele, as histórias de quando ele era criança, a comida de que ele gosta, as viagens inesquecíveis dele...

Parece que no primeiro date você já conhece até o tipo sanguíneo do boy, mas ele não conhece absolutamente nada sobre você nem se interessa em perguntar. Depois de tanto sofrimento na fossa que você superou, você quer alguém para dividir as coisas, e esses moços que se acham o último carregador de celular do mundo não merecem o seu tempo.

O boy que enrola

Esse tipo é famoso e é a maior roubada para quem está querendo mudar o status no Facebook. Ele é um amor, fofo, querido, bom de cama, tem pegada, educado, mas... não quer nada sério. Esses boys costumam enrolar mais meses do que as parcelas do carro que você tá pagando. Pensar "comigo vai ser diferente" vai atrasar, e muito, a sua vida. Vamos investir em gente que investe na gente!

O boy traumatizado

Sabe aquele cara que desde o dia em que você conheceu só fala da bendita ex-namorada? Ele já contou pra você toda a história deles, se mostra bem raivoso quando se lembra dela e repete dez mil vezes que jamais voltaria com a ex. As pessoas que vêm com essa carga negativa do passado e ainda não se resolveram por completo podem te usar como estepe ou como um ombro para chorar. Você não está nessa vibe.

O boy totalmente dependente

Esse tipo de boy é a coisa mais brochante do mundo. Provavelmente ele não saiu da casa da mãe e, se saiu, continua pedindo para ela lavar suas cuecas. Esse cara não tem independência psicológica alguma e vai te pedir para fazer tudo por ele. TU-DO. Lavar as roupas, cozinhar, fazer a cama, dar remédio, buscar comida, comprar os ingressos do cinema, levar o cachorro dele para passear, repor a despensa etc. Tem gente que confunde esse tipo de atitude com fofura. Colega, foque na autoestima de que falamos tanto e busque alguém que faça algo por você também.

O boy que não sabe fazer um elogio

Sabe aquele cara com quem você sai uma, duas, três, quatro, cinco vezes e NUNCA diz que você está bonita? Sim, ele existe, e eu rezo para a extinção dessa espécie. Talvez por insegurança, falta de educação ou puro egocentrismo, ele não faz a menor questão de reparar em você. Na cama, só se satisfaz e pronto. Sai fora, colega.

O boy olho solto

Esse é de lascar! Esse tipo de boy é galanteador, charmoso, educado... mas vive de olho em quem passa por ele. Vocês estão num restaurante e ele fica de olho na garçonete. Vocês vão a uma festa e ele fica focado no silicone da outra e/ou trocando olhares com ela. Esse tipo de cara merece um NÃO bem gigante na sua lista. Não pode ser só impressão todas as vinte vezes que você achou que ele estava olhando para o lado. Sim, ele estava! Existem homens observadores, assim como existem mulheres que olham sem maldade, mas se isso te irritou e você percebe que é a toda hora, sai fora.

Glossário

Amigue e colegue: aquela que te dá o ombro até as três da manhã quando você teve uma recaída e ainda te oferece um brigadeiro quentinho.

BAD: bebi, ai, Deus ou alguma situação em que você sente morte com desmaio.

BFF: best friend forever (melhor amigo/a).

Boy: homem/menino.

Date: encontro. Em alguns casos, também pode ser o boy com quem você vai sair.

DEER: desculpas estranhas, esfarrapadas e ridículas.

EX: quem?

Fazer a Namaria: fazer a Ana Maria Braga, ou seja, ser mais você.

Humilhação: aquilo que você não vai passar.

Louca: aquela que você não é.

LPTES: Lábia Para Te Enganar Sempre.

Mara: abreviação de maravilhoso, tipo a sua autoestima.

VPT: vício pós-término.

Agradecimentos

Gostaria de agradecer primeiro a eles, meu pais, Blenda e Newton. As pessoas por quem eu tenho a maior gratidão na vida. Mãe, muito obrigada por contribuir – muito – para que fôssemos pessoas independentes e livres para escolher o que quiséssemos da vida. Obrigada também por ser a psicóloga de nossas vidas e deste livro! Pai, muito obrigada por me ensinar o valor de ser uma mulher, o quão importante é o amor-próprio em uma relação e como o bom humor é tudo na vida. Obrigada por aturarem minhas desilusões e por sempre colocarem meus pés no chão. Obrigada por não me darem tudo o que eu queria, mas tudo o que eu precisava. Obrigada pelas risadas e pelos choros compartilhados. Obrigada por serem meus melhores amigos, grandessíssimos pais e por me fazerem acreditar no casamento. Sou eternamente grata a Deus por ter sido o espermatozoide campeão! Amo vocês.

À Carol, minha irmã mais velha, aquela cujo senso de humor é tão peculiar que chorava de rir das minhas confusões amorosas. Eu não podia contar um pé na bunda, que lá estava ela com lágrimas nos olhos... de tanto RIR! Obrigada por ter acreditado no programa *S.O.S. Pé na bunda* e por ter contribuído tanto com sua imensa capacidade de criar. Você será sempre minha grande amiga.

À Gabi, minha irmã do meio, a que vivia com dó das minhas histórias trágicas de "amor" e que não via a hora de aquilo tudo acabar bem, como num conto de fadas. Obrigada pelo seu bom humor, por sempre me apoiar e por me mostrar que eu era péssima na ginástica olímpica! Obrigada por ser minha grande amiga. #gabiblogueirarocks!

Aos meus sobrinhos, Jack e Martin, dinda e tia Mica ama muito vocês. Se alguma menina quebrar o coração de vocês algum dia, me avisem que eu mando o *#ManualDaFossa*!

To Lee and Alex, thank you for being such great husbands to my sisters and amazing brothers-in-law to me.

À Fran, que sempre cuidou tão bem de nós três. Obrigada pelo seu amor incondicional e por me ensinar aquela frase "homem é que nem biscoito, vai um e vêm dezoito".

À família Mimica – Igor, Lycia, Marcelo, Ana Flavia, Julia, Bruno, Luíz Felipe, Guilherme, Maria Carolina, Francisco e Pedro –, um beijo enorme e todo o meu amor!

Aos terapeutas da minha vida: Eduardo Ferreira Santos, Sérvulo Figueira e Jacques Stifelman. Obrigada por me ajudarem a encontrar a luz no fim do túnel em diferentes fases da minha vida.

Aos meus grandes amigos, obrigada pelo ombro!

À No Plan B, pela parceria maravilhosa.

À Los Bragas, por acreditar e produzir o *S.O.S. Pé na bunda* com tanta alegria e dedicação.

Aos meus seguidores do Instagram, Twitter, Facebook e Snap, que escreveram este livro junto comigo.

Às editoras Débora Guterman, Luiza Del Monaco e Paula Carvalho, da Benvirá. Obrigada pelo trabalho excepcional e por confiarem nas minhas ideias.

A Simba, Carmela, Leb, Galguinho e Max, porque cachorros na minha vida, só os de quatro patas.

Ao meu amor desta e de outras vidas, Renato Mimica. Meu marido, a tal da pessoa certa com quem eu sempre sonhei. Obrigada por querer caminhar ao meu lado; sou eternamente grata por você ter chegado. Obrigada por apoiar o meu trabalho e entender a minha essência. Obrigada por me aceitar do jeito que sou e por nunca ter tentado mudar algo em mim. Eu não seria capaz de falar sobre falta de amor se não conhecesse sua plenitude. Te amo hoje e sempre. Para sempre.

Crédito das imagens

pp. 8, 16, 19, 22, 23, 31, 38, 40, 42, 43, 45, 46, 48, 49, 50, 52, 53, 54, 56, 57, 59, 60, 61, 65, 67, 69, 70, 75, 77, 79, 84, 86, 87, 89, 91, 94, 96, 104, 105, 106, 108: Thinkstock/Valeriy Kachaev

p. 20: Thinkstock/Alessia Malatini

p. 41: Thinkstock/memoangeles

p. 44: Thinkstock/skypicsstudio

p. 47: Thinkstock/BurnCreative

p. 52: Thinkstock/claudia_balasoiu

pp. 63, 101, 103, 104: Thinkstock/rogistok

p. 68: Thinkstock/prettyvectors